KB107096

부처님의
사랑법

부처님의 사랑법

자녀 교육에 관한 새로운 정의

초판1쇄 인쇄일 | 2018년 1월 5일
초판1쇄 발행일 | 2018년 1월 12일

지은이 | 황옥자
펴낸이 | 남배현

기획 | 모지희
책임편집 | 박석동

펴낸곳 | 모과나무
등록 2006년 12월 18일(제300-2009-166호)

주소 | 서울시 종로구 종로19, A동 1501호
전화 | 02-725-7011
전송 | 02-732-7019
전자우편 | mogwabooks@hanmail.net

디자인 | Kafieldesign

ISBN 979-11-87280-21-7 (03370)

이 도서의 국립중앙도서관 출판예정도서목록(CIP)은
서지정보유통지원시스템 홈페이지(http://seoji.nl.go.kr)와
국가자료공동목록시스템(http://nl.go.kr/kolisnet)에서
이용하실 수 있습니다.(CIP제어번호 : CIP2018000282)

모과나무 (주)법보신문사의 출판 브랜드입니다.
지혜의 향기로 마음과 마음을 잇습니다.

부처님의
사랑법

자녀 교육에 관한 새로운 정의

황옥자 지음

모과나무

자비 나눔 명상

🌸

내가 평화롭고 행복하고 조화롭기를
내가 가진 분노, 미움, 악의, 적대감으로부터
벗어나기를, 자유롭기를, 평안하기를

나의 이 공덕을
모든 존재와 함께 나누기를

모든 존재가
분노, 미움, 악의, 적대감으로부터
벗어나기를, 자유롭기를, 평안하기를

모든 생명이
자유롭고, 평화롭고, 행복한 삶이기를

귀한 인연입니다

성인이 되어 부모 되기를 원하는 사람이면 누구나 쉽게 부모가 될 수 있으나 저절로 좋은 부모, 유능한 부모가 되는 것은 아닙니다. 더구나 내 아이의 부모가 되는 일은 내게 주어진 소중하고도 귀한 인연의 만남입니다. 이 인연의 만남을 생의 기쁨으로 여기며 성실하게 수행할 것인지 아니면 괴로움으로 평생 후회하며 살 것인지는 오직 지금 내 행동에 달려 있습니다.

'만일 내가 아이를 다시 키운다면 나의 욕망은 잠시 접어 두고, 먼저 아이의 마음을 읽어주고 아이에게 더 관심을 기울이고 이해하도록 노력할 것'이라는 참회기도를 하며 눈물 흘리지 않으려면 내게 주어진 지금 이 순간의 역할에 소홀함이 없어야 합니다. 한 아이의 부모가 된다는 일은 이렇듯 숭고하고도 고결한 것이어서 인격적 성숙, 정서적 안정, 인내력, 책임감과 전문적 기술이 필요합니다.

현실을 사는 사람들이라면 누구나 뭔지 모르게 아련히 밀려오는 불안을 느낍니다. 빠르게 변화하는 세상에 어떻게 적응하며 살까, 라는 문제입니다. 특히 자녀를 키우는 부모들은 안정된 부모 역할과 자아실현을 동시에 병행하기가 쉽지 않습니다. 사회문화적인 변화가 너무 빠르고 요구도 다양하여 이를 잘 감당해내기가 벅차기 때문입니다. 그 과정에서 부모보다는 오히려 어린 자녀가 더욱 상처를 입습니다. 밝고 행복하게 성장해야 할 아동기를 갈등과 스트레스로 어둡게 보내는 경우도 많습니다. 그래서인지 예전에 비해 요즈음 아이들은 정서적으로 불안정하고 충동적이며 중독에 쉽게 노출된다는 조사 결과들이 보고되고 있습니다.

부모들은 인류 역사상 그 어느 때보다도 자녀교육에 관한 지식과 정보를 폭발적으로 접하고 있습니다. 다양한 매체를 통해 수없이 쏟아지는 이 정보들을 어떻게 내 자녀에게 적용할 것인지는 지혜가 담긴 기술적인 문제여서 아이에게 적합한 방법을 찾기란 그리 쉽지만은 않습니다. 대체로 젊은 부모들이 이론적으로는 매우 박식하면서도 실제에선 미숙함을 호소하는 것도 그 때문입니다. 그것은 부모 자녀 간에 발생하는 문제들이 서로의 욕망으로 얼룩져서 간단히 해결할 수 없고 또한 어떤 유형의 아이나 문제 상황에서도 해당되는 왕도가 없기 때문입니다.

이러한 현실을 감안하여 그동안의 경험을 바탕으로 부처님의 말씀에서 배우는 자녀 교육의 길을 안내하고자 합니다. 총 10장의 주제를 선정해 내용 면에서는 영유아 시기부터 고등학교에 이르기까지 발달심리학적 차원에서 아이들에게 많이 일어나는 부모자녀 관계, 친구, 인지, 정서, 인성, 사회성 등을 중심으로 불교의 진리에 입각한 지혜를 모색하여 부모들과 공유하고자 합니다.

이 책에 실린 내용은 불교를 전혀 모르는 사람이 읽는다 해도 이해하는 데 전혀 무리가 없습니다. 진리란 세상 누구에게나 통하는 보편적인 원리이기 때문입니다.

1장은 부모의 양육 태도에 대해 이야기합니다. 부모들에게 가장 많이 나타나는 양육 태도를 유형별로 소개하고 그 장단점을 살펴봄으로써 부모들이 자신의 태도를 성찰하고 변화할 수 있는 기회를 찾아봅니다.

2장은 육도윤회에 빗대어 우리 가정을 돌아봅니다. 아이가 집을 지옥으로 느낀다면 부모는 어떻게 대처해나갈 수 있을까요? 화목한 가정 기능을 회복하는 방안은 무엇인지 살펴봅니다.

3장은 아이가 보이는 행동을 통해 부모와의 관계를 고찰합니다. 아이들의 잘못된 행동 이면을 보면 반드시 부모와의 관계에 어떤 문제점을 발견할 수 있습니다. 이들 문제점을 진단하고 그 원인과 해결 방안을 다룹니다.

4장은 공부가 주제입니다. 공부에 대해 부모와 자녀가 서로 어떤 관점인지 살펴보고 공부 스트레스에 대한 아이들의 심리를 보다 잘 이해하고 각 시기에 따른 발달 특성과 지도 방법을 알아봅니다. 또한 미래사회에 필요한 지식과 가르쳐야 할 내용은 무엇인지 새로운 시각으로 조명해보았습니다.

5장은 부모와 자녀의 정서에 대해 다룹니다. 부모와의 애착을 형성하는 중요한 시기에 문제가 생기면 이 아이는 성인이 된 후에도 정서적 빈곤에 시달리며 인간관계에서 문제를 야기할 수 있습니다. 이러한 심리 현상을 인식하고 긍정적인 정서 발달을 위해 할 수 있는 바람직한 부모 역할은 무엇인지 소개합니다.

6장은 자연인으로서의 아이를 이해하는 법을 다룹니다. 인간의 몸을 구성하고 있는 자연 요소에 대한 이해를 통해 인간을 자연과 분리시켜 이해할 수 없다는 불교적 세계관에 기초해 아이의 특성을 살피고 지도한다는 데 중점을 두었습니다.

7장은 눈높이 경청과 생각 소통법으로 귀 기울이기의 중요성을 다룹니다. 아이들은 성인과는 다른 관점에서 세상을 보고 접촉한다는 사실에 입각해 부모가 자녀의 생각이나 감정을 바르게 인식하고 소통하는 방법에 대해 폭넓게 살펴봅니다.

8장은 인성 발달과 오계에 관해 살펴봅니다. 오계는 바른 인성을 가꾸는 핵심 내용을 담은 부처님의 가르침입니다. 따라서 자녀의 바른 인성 발달이 왜 중요하며 그 접근 방법 등은 무엇인지 등을 알고 가정에서부터 오계를 실천할 수 있도록 했습니다.

9장의 주제는 가족의 행복과 부모의 역할을 통한 바른 가정

세우기입니다. 가정의 중심은 부모입니다. 중심인 부모가 바로 서지 않으면 가정이 바로 설 수 없다는 원리에 따라 화목한 가정을 위한 부모의 역할은 무엇인지 알아봅니다. 또한 자녀와 어떻게 상호작용해야 하는지에 대해서도 생각해봅니다.

10장은 자비에 대해 말합니다. 부처님은 자비의 상징입니다. 가장 이상적인 부모상은 부처님과 같은 인격, 즉 자비의 성품을 지닌 사람입니다. 부모의 자비심이 각자의 당면한 현실과 자녀의 특성에 따라 다양한 형태와 수준으로 표출될 수 있음을 사례와 함께 다룹니다.

이상의 10가지 주제는 각각의 소주제와 그에 따른 사례를 통해서 우리 가정에서 무엇이 문제점이었는지를 파악하고 그에 따른 원만한 해결책을 강구해가는 데 목표를 두었습니다.

석가모니 부처님은 45년의 세월을 어버이가 자식을 보살피고 사랑하듯 자비심으로 중생을 제도하고 고통을 덜어주는 위대한 선각자의 삶을 사셨습니다. 팔만사천법문이 바로 그 증거입니다. 저에게는 항상 화두처럼 맴돌던 질문이 있습니다.

'만일 부처님이라면 지금 내가 당면한 이 상황에 대해 어떤 말씀을 해주시고 어떻게 해결하실까.'

무지한 중생이 인류의 스승이신 부처님과 같은 연민과 탁월한 안목으로 세상을 본다는 것은 어려운 일입니다. 하지만 적어도 부처님의 말, 행동, 생각을 닮으려는 노력만큼은 평생의 화두이며 수행이라고 생각합니다.

아이들은 우리의 미래이며 불교의 미래이기도 합니다. 불교의 미래가 밝기 위해서는 우리 아이들이 건전하고 바르게 성장하도록 도와주어야 하지 않겠습니까. 이럴 때 불자 부모라면 부처님의 진리 말씀을 되새겨 바르고 참된 부모 역할을 할 수 있다고 믿습니다.

이제 지면으로나마 부처님의 지혜가 수록된 경전의 내용을 바탕으로 무량한 자비와 지혜의 말씀에 귀 기울이며 부모들에게 자녀 교육을 이야기해보는 가피를 기대해봅니다.

그간 법보신문에 연재한 글을 모아 책으로 출판할 수 있도록 마음써주신 모과나무 대표님과 수고하신 여러분께 깊은 감사를 드리며 부처님의 가피에 합장예배 올립니다.

새 날을 맞으며
황옥자 두 손 모음

차례

머리말 | 귀한 인연입니다 6

01

부모의 성찰

명령하는 부모 19
양보하는 부모 23
불안해하는 부모 27
학대하는 부모 33
질타하는 부모 37
선택권을 주는 부모 42
의도적 부관심 부모 46
초보 부모 51
화합하고 노력하는 부모 56

02

가정형 육도윤회

지옥형 62
아귀형 65
축생형 69
아수라형 73
인간형 77
천상형 81

03

아이의 행동과
부모의 대응

관심 끌기 100
힘 과시하기 104
앙갚음과 인과 108
무능함 보이기 112
반항-청개구리의 양심 115
산만한 아이 119

04

공부에 대한
다른 관점

역사 바로 배우기 126
자녀의 자존감 130
아이들이 원하는 재미 133
따라하기 학습 136
신념 141
정답은 필요한가 144
육근이 바쁜 아이들 147

05

부모와 자녀의
정서

미각의 부작용이 비만이다 152
안정애착, 긍정적으로 반응하기 155
불안정 애착 : 회피 159
불안정 애착 : 저항 163
불안은 인간의 기본 정서 167
정말로 자녀의 행복을 바라는가 171
타고난 기질, 강점을 살려라 175
인간성 상실의 새로운 대안, 정서지능 179
여유의 참 멋 184

06

자연 요소와
아이 이해

흙地, 역동하는 에너지 190
물水, 생명의 근원 194
따스함火, 예의 바른 아이들 198
바람風, 활동히는 아이늘 202
비움空, 자연의 이치 206

08

인성 발달과 오계

계율을 갖춘 삶 243
생명은 모두 소중해 246
거짓말하는 아이 249
좋은 친구 나쁜 친구 253
도토리의 나눔 257
좋은 관계와 불안정한 관계 261
나만 잘살면 돼 265

07

눈높이 경청과
생각 소통법

육근 경청법 212
아기의 작은 외침 216
내 방은 치우지 마세요 219
엄마하곤 말이 안 통해요 223
정신적 배고픔, 무엇으로 채울까? 227
놀이식 교육은 노는 것과 다르다 230
아이의 놀이에 참여하는 부모 234

09

가족의 행복과
부모의 역할

부처님이 이 땅에 오신 이유 272
밥상머리 교육 275
화장 즐기는 아이들 279
동사섭과 가족 공동체 283
성공과 실수 너머 칭찬과 격려 286

부처님의 사랑법

사랑과 자비의 사이에서 292

부처님의 라훌라 교육 296

진정 어린 이해 300

비교는 올바로 알지 못한 부작용 304

꽃반지 308

중도적 부모 역할 311

1

부모의 성찰

부모들의 성격이 제각각 다른 만큼 이들이 보이는 양육 태도도 다양하고 독특하다. 하지만 각기 다른 양육 태도라 할지라도 큰 틀에서 보면 비슷한 특성이 있다. 이들을 범주화한 것이 잘 알려진 '명령형, 양보형, 불안염려형, 선택권 주기' 등과 같은 유형들이다. 그리고 이들은 오늘날 부모 교육 이론의 기본 양육 태도 유형으로 인식되기도 한다.

어떤 부모는 자신의 양육 방식을 명령형이나 양보형 같은 특정 유형으로 고정시키는 것에 거부감을 느낄 수 있다. 물론 양육 태도란 영원히 변하지 않는 고정된 상태가 아니다. 단지 반복적인 행동으로 인해 습관처럼 형성된 행동 패턴일 뿐이다. 하지만 부모들은 이 행동 패턴에 집착한다. 그리하여 부모 자신이 사용하는 양육 방식이 그 어느 방법보다 낫고 뛰어나고 옳다고 믿으며 스스로 깊게 빠져든다. 자신의 양육 방식이야말로 내 자녀를 가장 똑똑하고 능력 있는 사람, 장차 훌륭하고 존경받는 사람으로 성장시키는 지름길이라고 굳게 믿는다. 그래서 그로 인해 발생할 수도 있는 어떤 부작용도 용납하지 않으며 상상조차 하지 않는다. 나아가서는 자신이 선택한 양육 방식에 점차 익숙해지고 편리함을 느끼게 되면 더더욱 이 방식을 고수하려는 의지도 강해진다.

문제는 습관처럼 사용하는 부모의 잘못된 양육 태도로 인해 자녀들이 마음에 고통을 느끼고 상처를 받으며 성장할 수 있다는 사실이다. 그렇다면 부모와 자녀 모두에게 커다란 손실이 아닐 수 없다.

    사실 부모는 자신의 긍정적인 의도와는 달리 왜 이처럼 바람직하지 못한 태도나 행동을 습관적으로 행하는지 그 원인을 정확히 이해하지 못한다. 자신의 태도가 문제를 야기한다는 사실을 아예 모를 수도 있다. 이것이 부모가 당면하는 맹점이다.

    이런 이유로 1장에서는 먼저 부모의 양육 태도를 유형별로 분류해 사례를 통해서 이해도를 높이고자 한다. 자신의 양육 방식이 사례 중 어느 유형에 더 가까운지를 객관적인 시각으로 파악해보고 문제점이 무엇인지 성찰해보자는 의도이다.

    양육 태도는 반복 행동으로 습관화된 것이기 때문에 무엇이 잘못된 태도인지 깨닫고 이를 바꾸려는 의지만 있다면 얼마든지 변화 가능하다.

남에게 하는 말이 거칠지 않아. 듣는 사람의 마음을 해치지 않고, 또 참다운 말로 남을 가르치는 그를, 나는 바라문이라 한다.

아홉 살 동현이가 어제 사 준 새 운동화는 학교에서 잃어버리고 다 헤어진 헌 운동화를 신고 왔다. 그걸 본 엄마는 그만 화가 나서 버럭 소리를 질렀다.

"넌 자기 물건 하나도 챙기지 못하는 바보니?"

동현이 부모님은 매우 엄격해서 지켜야할 규칙들을 미리 정해 두고 아이가 무조건 이 규칙을 따르도록 요구한다. 만일 아이가 부모의 말이나 규칙을 잘 따른다면 보상이 주어지지만 실수나 거역을 하는 경우엔 벌을 통해 아이를 통제한다. 큰 소리로 야단을 치거나 심지어는 때리기도 하는 것이다. 그래서 동현이는 엄마를 꽤나 무서워하며 엄마 앞에 서면 늘 위축이 되는 아이다. 심하게 야단치는 엄마 앞에서 동현이는 한마디 변명도 못하고 운동화를 잃어버렸다는 자책감과 엄마의 꾸중으로 인한 속상함이 겹쳐 마음의 상처만 두 배로 커지고 말았다.

명령하는 부모

이처럼 자녀의 의견은 아예 무시하고 자유를 거의 주지 않으면서 명령에 복종할 것을 강요하는 부모를 '명령형 부모'라고 한다. 명령형 부모의 대부분은 역시 명령형의 부모에게 양육을 받은 경험이 있다. 그들 역시 자라면서 자연스럽게 명령하는 습관을 익힌 것이다.

우리 모두는 엄하고 강압적인 사람 앞에 서면 왠지 마음이 위축되고 기가 죽는다. 특히 가정에서 부모의 명령에 복종하는 것이 일상화된 아이는 위축된 상태에서 상당한 무력감을 느낀다. 자신이 보잘 것 없는 존재라고 믿게 되어 자존감이 극도로 낮아진다.

그러나 때로는 부모에게 빼앗긴 주도권을 되찾기 위해 다른 아이들과의 관계에서 부모의 행동을 모방하려는 경향을 보일 수도 있다. 이를 테면 어른들이 큰 소리와 폭력으로 문제를 해결하려는 행동을 보일 때 아이들은 은연중에 고함이나 폭력이 올바른 문제 해결 수단이라는 생각을 품을 수 있다.

매우 폭력적인 일부 청소년들의 행동이 뉴스에 자주 오르는 것을 보면 이러한 행동의 상당 부분은 부모에게서 보고 배운 것이다. 다른 아이들에게 부모에 대한 앙심을 화풀이하는 것이다. 결과적으로 이런 아이는 어떤 문제 상황에 부딪히면 대화로 해결하기보다 손이나 몸이 먼저 나가면서 폭력적으로 바뀐다.

명령형 부모 밑에서 자라는 아이들 대부분은 부모와 신뢰를 쌓는 데 어려움이 있다. 대화로 문제를 해결하는 기술도 익힐 수 없다. 이런 가정은 부모와 자녀간의 친밀한 유대관계가 보이지 않고 같은 공간에 있는 것조차 부담스러워하며 어색해 한다. 인간은 긴장되고 불안할수록 실수도 많이 한다. 이럴 경우 꾸중이나 체벌의 성급함보다는 긴장을 풀어주는 부모의 따뜻한 위로가 정서안정에 더 필요하다.

신발을 잃어버린 동현이의 사례처럼 부모는 아이의 실수를 야단치기 전에 먼저 그 억울한 마음을 들어주고 이해하는 따뜻한 마음이 필요했다.

아마도 동현이는 집에 오는 줄곧 야단맞을 각오를 하며 걱정했을 것이다. 이때 부모의 꾸중은 아이에게 미안한 마음이 들게 하기 보다는 오히려 자신의 잘못을 꾸중으로 대신 상쇄했다는 해방감을 줄 수 있다. 그러면서 동시에 반항심을 키울 수 있어 훈육적인 면으로도 바람직한 방법이 아니다.

부처님은 당시 인도의 가장 상위 계급에 속하는 바라문이 남을 가르치려면 그에 걸맞는 인품의 말과 행동을 지녀야만 비로소 자격이 있다고 말씀하셨다. 《법구경》은 이렇게 전한다.

"남에게 하는 말이 거칠지 않아, 듣는 사람의 마음을 해치지 않고, 또 참다운 말로 남을 가르치는 그를, 나는 바라문이라 한다."

이 게송은 자녀를 가르치는 부모의 자세에 대해서도 시사하는 바 크다. 부모가 자극적이고 거친 말을 사용하여 자녀 마음을 다치게 하거나 자녀에게 반발심을 일으켰다면 부모답지 않은 행동을 하였음에 틀림없다. 부모는 언제나 자애롭고 진심이 담긴 말로 자녀 마음을 움직이는 역할을 할 수 있어야 한다. 그것이 부모 됨이다. 그러려면 무엇보다도 자녀를 대하는 부모의 인격이 먼저 성숙되어야만 한다.

자녀가 늘 부모를 좋아할 순 없다할지라도 그렇다고 이유도 모른 채 부모를 무서워하거나 두려워해서야 되겠는가? 그래서 부모 역할도 수행자처럼 배우고 익히며 절제와 노력을 기반으로 끊임없이 닦아야 하는 일종의 정진바라밀이 아닐까 한다.

자녀가 원할 때 위로해줄 수 있는 마음 따스한 부모, 관대함과 진실함이 가득한 성품을 지닌 부모는 모든 아이가 좋아하는 부모의 인격이 아닐까 한다.

'나는 과연 어떤 부모인가?'

'지금의 내 방식은 올바른 부모 역할 수행에 도움이 되는가?'

부모 스스로 자신을 진솔하게 들여다보는 성찰의 시간을 가져봄직하다.

어떤 것이 자기의 해야 할 일인가. 미리 생각하고 꾀하고 헤아려, 마음을 다하고 힘써 닦아서 그 할 일의 때를 놓치지 말라.

"밥 먹기 싫단 말이야, 빨리 아이스크림 줘요!"

네 살 은혁이가 숟가락으로 밥상을 탕탕 치고 있다. 밥보다는 아이스크림을 더 좋아하는 은혁이가 일단 떼를 쓰기 시작하면 엄마는 그 고집을 당해낼 수 없어 그만 허용하고 만다.

"그래 좋아, 그 대신 아이스크림은 조금만 먹고 밥을 먹는다고 약속하면 줄게."

엄마는 이 약속이 지켜지지 않을 걸 뻔히 알고 있다. 하지만 그렇게라도 다짐해서 부모로서의 권위와 위안을 받고자 한다.

양보하는 부모

이처럼 자녀에게 매사를 양보하고 허용하는 부모를 '양보형 부모'라고 한다. 양보형 부모는 자녀가 원하는 것은 설령 그것이 잘 못인 줄 알면서도 무엇이나 들어주고 양보해버린다. 그것이 갈등을 피하고 그나마 관계를 부드럽게 한다고 믿는다. 그러나 양보하는 부모의 속내는 힘든 교육보다는 빨리 그 상황에서 벗어나고 싶은 욕구가 더 크다.

양보라는 말은 내 것에 집착하거나 욕심 부리지 않으면서 남에게 기꺼이 나누어 주다는 의미의 아름다운 미덕을 내포한다. 이를 테면 부모가 자녀의 말에 귀를 기울이거나 놀아주기 위해 하던 일을 잠시 멈추고 시간을 할애하는 양보는 부모자녀 관계를 더욱 친밀하고 굳건하게 해준다.

자녀의 언행이 잘못임을 뻔히 알면서도 아이가 떼쓰고 화내며 소리쳐 운다고 이를 감당 못해 허용해버린다면 아이는 그 시기에 배워야 할 행동이나 언어, 습관을 올바로 지도받지 못한 채 성장한다.

물론 부모의 지나친 강요나 명령은 자녀를 압박하여 반발심을 일으키거나 위축시키기에 바른 방법은 아니지만, 그렇다고 자녀에게 지나치게 양보하는 것 역시 옳지 않다.

유아기는 선악의 개념이 발달하는 시기다. 무엇이 옳고 그른지를 알고, 옳은 일은 하고 옳지 않은 일은 하지 않는 양심은 더불어 살아가는 데 귀중한 덕목이다. 그리고 이 양심의 발달은 유아기부터 시작된다.

잘못을 저지르는 아이는 자신의 욕심이 더 커 그 행동이 주는 폐해는 생각하지 않는다. 자신이 부린 욕심이 언젠가는 자신을 향한 불이익으로 돌아온다는 인과도 모른다. 그뿐 아니라 허용적인 부모 밑에서 응석받이로 자랄 경우, 지켜야 할 지침이나 통제가 전혀 없는 교육을 받으며 자신의 욕망만 키워갈 뿐이다.

결국 더불어 사는 규범이나 예절을 간과한 채 자란 아이는 남의 눈치를 안 보는 거리낌 없는 성격이 될 수는 있으나 남과 더불어 잘 지내기는 어려워진다. 왜일까? 이러한 유형의 아이는 자신이 하고 싶은 대로 행동하며 다른 사람의 감정이나 권리에 대해서는 전혀 배려할 줄을 모르기 때문이다. 이런 경우 사회생활에 대한 적응도 힘들어한다.

예를 들어 화가 난다고 마음대로 역주행 하거나 중앙선을 침범하는 운전을 한다면 어떻게 될까? 내 마음에 안 든다며 신호등을 무시하고 보복운전을 한다면 어떻게 될까?

이런 현상을 자주 접할 때마다 인성교육이 도마에 오르며 그 행동으로 인한 사회적 파장은 공포 그 자체다.

"어떤 것이 자기의 해야 할 일인가, 미리 생각하고 꾀하고 헤아려, 마음을 다하고 힘써 닦아서 그 할 일의 때를 놓치지 말라."

《법구경》에서 전하는 부처님의 말씀을 통해 부모로서의 나는 지금 역할을 잘 알고 정성을 다해 노력하고 있는지, 혹은 때를 놓쳐 후회할 일을 하고 있지는 않은지 돌아봐야 하겠다.

부모는 자녀가 각 발달시기마다 습득하고 배워야 할 행동이나 태도를 익히고 실천하도록 인도할 책임이 있다. 예를 들어 가족이 모여 밥을 먹는 시간은 서로를 배려하며 즐거운 일이 되도록 가꿀 책임이 부모에게는 있다. 따라서 아이가 고집을 피우거나 버릇없이 굴어 분위기를 어지럽히기라도 하면 당연히 말을 해야 한다.

"지금은 식사시간이야, 아이스크림은 밥을 먹은 후에 먹을 수 있단다."

부드러우면서도 단호하게, 자녀의 밥상 예절을 지도하는 태도가 필요하다. 되는 것과 안 되는 것, 질서와 규칙을 분명한 태도로 일러줌으로 아이는 학습하게 된다.

어리석음을 버리면 스스로를 해치는 사유를 하지 않고, 남을 해치는 사유를 하지 않고, 양자를 해치는 사유를 하지 않으며, 마음으로 괴로움과 근심을 경험하지 않는다.

봄볕이 따사롭게 내려쬐는 어느 오후였다. 거리를 걷다가 우연히 길가 가로수에 매어진 현수막을 보았다. 어느 학원에서 홍보용으로 걸어둔 현수막에 쓰인 문구가 매우 특이했다.

〈유치원생이 1년이면 초등 3년 실력, 초등 3년생이 3년이면 중3~고1 실력〉

근데 이 문구 옆 단어가 재미있다. 작은 글씨로 '성공 90%'라고 적혀있다. 눈여겨 자세히 들여다보지 않으면 놓치기 쉬운 문구다. 기발한 아이디어가 아닌가. 혹여 수강생 실력이 학원에서 제시한 수준에 미달된다 해도 학원의 책임은 면할 수 있다. 그렇지만 무심히 외면하기에는 '90%'라는 수치가 부모들의 호기심을 충분히 자극할 수 있다.

요즘 학원 홍보는 이런 식의 도전적인 광고라야 부모들의 관심을 끌 수 있단 말인가? 학원은 당연히 부모들이 절실히 요구하고 원하는 문구를 넣어 호기심을 자극한 것이며 부모들은 이런 홍보에 귀가 솔깃해서 자녀를 그 학원에 등록시킨다.

그런데 교육 열풍이 대단한 우리나라에서 자녀교육에 관해 부모들이 흔히 빠져드는 한 가지 오해가 있다. 아이의 발달단계를 뛰어넘는 무리한 교육이 마치 선수학습인 양 착각하는 현상이다.

불안해하는 부모

유아는 유치원에서 그 발달 시기에 적합한 교육을 받는 것이 가장 최적이다. 초등 3년생은 그 시기에 맞는 교육을 받는 것이 정상이다. 그것이 성장발달에 맞는 바른 교육이다.

즉 유치원생은 유아기 그 자체로서, 초등학생은 초등생 그 자체로서 의미가 있는 것이지, 유아기가 초등학생의 실력을 갖추는 준비 기간은 아니다. 초등학생을 중학생이나 고등학생 수준을 위한 준비 과정으로 생각해서 교육을 앞당겨 무리하게 실시해서는 안 된다는 뜻이다.

만일 이러한 무리수를 겪는 아이라면 각각의 발달 시기에 경험하고 배워야 할 중요한 과업이나 즐거움을 놓치게 된다. 이를테면 놀이는 아이들이 앞으로 살아가는 데 필수적인 관계성, 배려, 즐거움, 호기심, 문제해결 능력을 키워준다. 자연에서 만나는 다양한 생명과의 교감을 통해서 모든 생명은 소중하다는 인식과 폭넓은 사고력을 신장시키는 유용한 기회인데 이들을 놓칠 수 있는 것이다.

자녀에게 이익이 되는 올바른 배움들을 가로막고 오로지 성적

올리는 데만 정성을 다한다면 발달적으로도 불균형을 초래할 수 있다. 그러나 부모는 훗날의 결과보다는 우선 당장 내 아이가 다른 아이보다 뛰어나기만을 바라는 욕망에 온통 마음을 빼앗기기 십상이다. 아이 정서나 발달은 거의 안중에도 없는 것 같다. 그러니 아이들은 오죽 힘들고 괴로울까. 우리나라 부모들은 과연 자녀를 어떤 인간으로 키우고 싶은 걸까?

이성적인 부모들은 말한다. "우리 애는 '인간다운 사람, 남을 돕고 봉사하는 사람, 따뜻하고 친절한 사람'이었으면 좋겠어요. '자기가 좋아하는 일을 하며 행복해하는 사람'이 되기를 바래요." 그러나 자녀를 대하는 부모의 실제 행동은 전혀 다르다.

내 아이는 부와 권력을 거머쥔 성공을 해야 하며 그 성공이나 출세를 위해서는 수단과 방법을 가리지 말라고 충고한다. 오늘날 우리 사회 최고 지식층이며 지도자급 인사들이 사회에 끼친 악영향들, 드러난 거짓말, 비도덕적 비윤리적 행태가 여실히 그 결과를 드러내고 있지 않은가?

이들 또한 부모로부터 보고 배우며 성장한 사람들이다. 물론 어느 부모가 자녀의 성공과 출세를 원하지 않겠는가. 자식에 대한 부모의 건전한 기대를 비난하려는 것은 아니다. 단지 부모의 비뚤어진 사랑에 불행을 겪는 자녀가 측은하다. 부모의 지나친 욕심이 자녀를 힘들게 하고 자녀의 삶에 고통을 준다면 매우 잘못된 양육 태도임에 틀림없다.

잘못된 양육 태도는 부모 역시 불행하게 만든다. 헛된 욕심이 채워지지 않을 때 부모 마음은 초조하고 불안해지며 심하면 우울증까지 온다. 즉 '불안 염려증 부모'가 되는 것이다. 자녀에 대한 부모의 지나친 집착이 빚어낸 증상이다.

왜 이렇게 자녀에 집착하는가? 부모 자신의 결핍 때문이다. 부모의 욕망이 세월이 흘러도 해결되지 않고 계속 누적되어 마음을 짓누르니 불안해서 온 증상이다. 내가 하고 싶은 대로 이루어져야 하는데 마음대로 안 되니 괴롭고 부모가 원하는 대로 따라주니 않는 자녀도 원망스러워 더 불안하고 염려된다.

과거 경제적으로 어려웠을 때에는 그런대로 설득력이 있었지만 여유로워진 요즘 시대에는 이러한 부모의 양육관도 바뀌어야 한다.

《앙굿따라니까야》〈바라문의 품〉을 보면, 부처님께 바라문들이 찾아와 여쭙는 장면이 나온다.

"존자 고타마여, 저희들에게 오랜 세월 동안 이익과 행복이 있도록 저희들을 충고하여 주십시오. 저희들에게 가르침을 주십시오."

"바라문이여, 어리석음에 정복되고 마음이 사로잡히면, 스스로를 해치는 사유를 하고 남을 해치는 사유를 하고 양자를 해치는 사유를 하며 마음으로 괴로움과 근심을 경험한다. 그러나 어리석음을 버리면 스스로를 해치는 사유를 하지 않고 남을 해치는 사유를 하지 않고 양자를 해치는 사유를 하지 않으며 마음으로 괴로움과 근심을 경험하지 않는다."

부처님은 인간의 어리석음이 자신과 남 모두를 해하며 결국 괴로움과 근심을 불러오게 된다고 했다. 그러니 어리석음을 벗어나 행복을 이루라고 설하신다.

우리는 어리석은 일을 하고도 그것이 어리석음인줄 모른다. 그것이 바로 어리석음이다. 어리석은 자는 내 고집으로 세상을 보려하며 남의 말에 귀를 기울이지 않는다. 그래서 부처님은 남을 이해하지 않고 배려심이 없는 고집부리기는 상대를 힘들고 괴롭게 할 뿐임을 지적하고 있다.

아이를 위하는 일이라며 열심히 뛰었지만 아이도 힘들고 부모도 행복하지 않다면 이는 진정으로 아이를 위하는 일이 아닌 어리석은 행위이다. 이러한 자신의 어리석음을 깨달아야 비로소 나를 내세우는 주관을 벗어나 세상을 객관적으로 볼 수 있다. 그런데 말처럼 그것이 쉽지 않은 일이다. 객관적인 시각으로 본다는 것은 자신의 헛된 욕망과 그 욕망의 결과까지도 그대로 본다는 의미다. 그러려면 자신을 성찰하여 지혜의 눈을 밝혀야 한다.

자녀에게 요구하기보다 부모 자신이 열심히 살아가는 모습을 보여주자. 남의 것에 욕심내기보다 자기 노력으로 정직하고 성실히 살아가는 태도를 보여주자. 그럴 때 부모는 현명해지고 아름다워진다. 부모가 아름답게 변해야 내 아이도 아름답게 변화시킬 수 있다.

모든 생명은 채찍을 두려워한다. 모든 생명은 살기를 좋아한다. 자기 생명에 이것을 견주어 남을 죽이거나 죽이게 하지 말라. 모든 생명은 즐거움을 즐기나니, 그것을 때리거나 죽임으로써 그 속에서 즐거움을 찾는 사람은 뒷세상의 즐거움을 얻지 못한다.

"아이 행동이 조금만 거슬린다 싶으면 화가 확 올라와 소리를 지르거나 매질도 합니다. 이젠 아이가 저만 보면 눈치를 슬슬 봐요. 저만 보면 겁내는 데 그걸 보면 내가 왜 이러나 싶어 한심하고 반성도 하지만 그때뿐이지 잘 안 고쳐지네요."

30대 후반인 엄마의 고민이다. 자신의 잘못을 반성하고 고치려 한다는 점에서는 죄책감도 없는 부모보다는 훨씬 희망적으로 들리는 사연이다.

한 조사에 따르면 아동학대의 80% 이상이 친부모이거나 계모와 친부가 함께 행한다고 한다. 학대는 더 이상 동화나라 이야기는 아닌 듯싶다. 그간 우리는 자녀 학대란 계모의 전유물인 것처럼 믿었기에 전처 자식과 계모 간 갈등 문제를 그린 전래동화 〈콩쥐팥쥐〉는 나와는 거리가 먼 동화 속 이야기였다.

학대하는 부모

학대받는 아이 이야기임에도 〈콩쥐팥쥐〉가 인기를 모았던 이유
는 아동기 발달 특성과도 관련이 깊다. 부모와 애착을 형성하고
도움이 절실한 시기에 '혹시 부모를 잃으면 어떻게 살지?'라는 불
안심리를 이 동화는 잘 묘사함으로서 주인공 콩쥐에게 '심리적
공감'을 불러일으켰기 때문이다. 이야기는 권선징악의 해피엔딩
으로 끝이 나니 아이들은 부모의 생존에 감사하며 효심을 키울
수 있어 효과도 컸다.

사실 우리 전통 가족제도의 장점은 젊은 부모가 혹여 잘못된
양육이라도 할라치면 경험 많은 조부모가 이를 잘 조절하고 돕는
멘토 역할을 톡톡히 한 것이다. 그러나 이제 대가족제도는 붕괴
되고 핵가족문화가 보편화 되면서 가정교육의 멘토도 사라졌다.
일부이긴 하나 친부모가 자식을 학대하는 세상이 되었으니 동화
〈콩쥐팥쥐〉보다 더 심각한 일이 벌어지고 있는 느낌이다.

왜 부모가 자녀를 학대할까? 참으로 복합적인 심리작용의 표
출이겠으나 그 핵심은 '불건전한 마음'이다. 불건전한 마음은 어
려서부터 심어진 마음의 상처가 원인이다. 마음의 상처로 부모
자신도 불행하니 자식을 받아들일 여유나 배려의 공간이 조금도
없다. 그저 세상 탓하며 누구에겐가 그 상처를 되돌려주고 싶은
'앙갚음'만이 존재한다.

앙갚음이란 어려서 부모에게 학대나 무시를 받아 상처투성이인 마음을 치유받지 못한 채 성인이 된 사람이 가장 힘없고 무력한 자녀나 타인을 괴롭히고 가정폭력 등으로 되갚는 잘못된 행동 유형이다.

학대 행위가 반복될수록 그 강도는 점점 세지는 특성이 있다. 심해지면 자기 스스로도 통제하기 어렵게 되며 정신은 더 피폐해진다. 마치 손 안에 늘 불덩이를 쥐고 있는 것과 같아 이 손에서 저 손으로 옮기며 부모 자신을 태우고 자식도 태운다. 이처럼 어린 시절 마음의 상처는 대를 이어가며 무서운 과보로 되풀이 되니 불행이 아닐 수 없다.

그래서 부처님은 어리석어 고통을 겪는 중생들을 향해 다른 생명에 대한 위협은 결국 네 자신도 망치는 일이니 어서 무명無明에서 벗어나라고 일깨우셨다.

《법구경》에서 부처님은 이렇게 말씀하셨다.

"모든 생명은 채찍을 두려워한다. 모든 생명은 살기를 좋아한다. 자기 생명에 이것을 견주어 남을 죽이거나 죽이게 하지 말라. 모든 생명은 즐거움을 즐기나니, 그것을 때리거나 죽임으로써 그 속에서 즐거움을 찾는 사람은 뒷세상의 즐거움을 얻지 못한다."

모든 아이는 부모로부터 사랑받으며 안전하게 살 권리가 있다. 만일 아이가 자신의 생명을 부모에게 위협받는다고 느낀다면 삶이 얼마나 두렵고 고통스럽겠는가? 적어도 아이를 키우는 부

모라면 부모 자신도 두렵고 싫은 일을 자녀에게 해서는 안 된다
는 부처님의 연민 가득한 말씀에 귀 기울여야 할 것이다.

부모 자신도 참기 힘들었던 고통을 훗날 내 자녀에게 되풀이
하는 일이야말로 참으로 어리석지 않은가. 그만큼 부모로부터 어
떤 양육을 받으며 성장하느냐는 한 인간의 인격 형성에 지대한
영향을 주고, 또한 대물림 되기 때문에 좋은 부모, 성숙한 부모 역
할은 우리의 자산인 듯싶다.

어떤 한 가지에 집착하여 말하는 사람은 자신의 견해만 존중하므로 그를 인도하기란 매우 어렵다. 자기가 믿고 있는 것만을 옳다고 하며 그것에 의해서만 청정을 얻을 수 있다고 주장하는 사람은 그와 같이 하나만을 본다.

부모가 자녀에게 해서는 안 되는 말이 있다.
　"너는 왜 늘 그 모양이냐?"
　"너만 아니면 우리 집은 아무 문제가 없어."
　"넌 엄마가 이루지 못한 소원을 꼭 이루어야 해."
　"너는 나를 괴롭히려고 태어난 것 같다."
　"바보 같으니. 장래 어떤 사람이 될지 정말 궁금하다."
　"너 때문에 내 삶이 얼마나 힘들고 불행한 줄 알기나 해?"

질타하는 부모

'너는 왜…' '너 때문에…' '너만 아니면…'
　이런 말로 시작하는 대화법은 상대를 화나게 만든다. '너는'이라고 강조하는 표현을 사용할 때 그 말속에는 이미 부정적인 요소가 내포되어 있어서다. 부모는 왜 자녀에게 긍정어보다 부정적이고 비난조의 질타를 더 하는 걸까?

자녀에게 가르쳐야 한다고 생각하는 것이 너무 많아 자극적인 말을 해서라도 설득하여 빠른 시일 내에 효과를 보려는 욕망 때문이다.

하지만 이러한 발상은 큰 착각이다. 어떤 자녀가 이런 말을 듣고도 부모 말에 순종하며 따르고 싶겠는가? 또 어떤 자녀가 이런 표현에 행복할 수 있겠는가? 오히려 무가치한 자신의 인생에 대해 깊이 절망하며 세상이란 무섭고 두려운 곳임을 마음 깊이 새기게 된다.

동시에 부모에 대한 존경 대신 미움과 원망의 이미지가 무의식에 가득 심어질 것이다. 부모의 말이란 이처럼 막강한 힘을 지닌다. 자녀가 인생 초반부터 세상에 대한 부정적인 선입견을 가지고 시작하니 이만저만 손해가 아니다.

그러나 어떤 부모도 자녀를 불행하게 만들려고 고의로 이런 말을 하진 않는다. 부모 자신도 어려서부터 불만이 많아 늘 자기 삶이 불행하다고 느껴왔기 때문에 내 아이는 자신처럼 불행한 삶을 살지 않도록 미리 경각심을 주고 주의하라는 뜻으로 한 것이다. 단지 부모의 이런 말들이 자녀에게 많은 부담과 고통을 준다는 사실을 미리 예측하지 못했을 뿐이다.

부모가 자신의 삶을 매우 불행하다고 느낀다면 그의 기억 속에는 부정적인 감정이 상당히 크게 저장되어 있다. 기억은 뇌의 해마가 담당하며 정서는 주로 뇌의 편도체가 관장한다.

해마와 편도체는 서로 상호작용하며 기억과 감정에 영향을 주기 때문에 우리가 경험한 어떤 사건을 기억해낼 때 이성적인 사실만을 기억하는 것은 아니다. 즉 과거의 어떤 사건을 떠올릴 때 먼저 쉽게 떠오르는 것은 사실 자체보다도 그때의 감정이다. 감정이 기억에 대한 가중치를 부여하기 때문이다. 평소에 아무리 기억하려해도 잘 떠오르지 않던 과거의 일이 비슷한 느낌의 감정, 이를 테면 분노나 수치심 등이 느껴질 때는 아주 쉽게 떠오르는 것도 바로 이런 감정의 가중치 덕분이다.

다시 말해서 인간의 기억은 '사실 그 자체보다도 그 순간 느꼈던 감정'이 우선하여 떠오르기 때문에 감정의 영향을 받아 사실이 왜곡될 수 있다는 뜻이다. 만일 부모가 과거에 경험했던 일들이 두렵고 화나는 일이 많았다면 그의 기억은 매우 부정적으로 왜곡되어 밖으로 표출될 것이다. 안타깝게도 힘없는 자녀가 그 첫 번째 대상이 된다.

부모는 왜곡된 자신의 기억을 사실처럼 믿으며 옳다는 신념으로 자녀에게 집착하고, 자녀의 성공을 바라는 마음에서 '모두 너를 위해서' 그렇게 말한 것이라고 믿는다.

이런 경우 부처님은 어떤 가르침으로 우리를 깨우쳐주셨는지 《숫타니파타》에서 들어본다.

"어떤 한 가지에 집착하여 말하는 사람은 자신의 견해만 존중하므로 그를 인도하기란 매우 어렵다. 자기가 믿고 있는 것만을 옳다고 하며 그것에 의해서만 청정을 얻을 수 있다고 주장하는 사람은 그와 같이 하나만을 본다."

집착은 자신을 객관적으로 보지 못하게 한다. 어리석게도 하나만을 고집하려는 성향을 보이는 것이다. 그 때문에 야기되는 영향은 고스란히 그 주변 사람들이 받는다.

예컨대 부모가 어떤 견해를 일단 고집하고 굳게 주장한다면 객관적인 판단은 힘을 잃는다. 오로지 자녀가 이를 믿고 따르기를 바랄 뿐이다. 애당초 자녀의 생각에 귀 기울일 마음이 없으니 아이는 얼마나 답답하고 힘들까?

부처님께서는 이처럼 자신의 견해만 옳다며 집착하는 사람을 바른 길로 인도하기란 매우 어렵다고 하셨다. 그만큼 자신의 견해만 옳다고 고집하는 사람은 편협된 사고로 세상을 융통성 있게 보지 못하고 자신의 좁은 틀로 이해하려니 남 탓을 하게 되는 한계가 있다.

모든 불행이 나를 고집하는 아집에서 비롯하였음을 불자 부모는 안다. 그렇다면 나를 내세운 분노의 표현이 어떻게 자녀를 괴롭히는지도 알아차려야 한다. 감정을 무조건 덮어두고 억누르는 것이 아니라 감정을 들여다보고 이해하며 받아들이는 것이 알아차림의 의미다. 그러면 내 안에 과거의 미움과 슬픔이 해결되지 않은 채, 떨고 있는 어린 시절의 내 모습을 발견할 수 있다. 그런 나를 위로해주라. 나의 슬픔과 미움의 상처를 어루만지고 따스한 눈길로 바라보며 이해하고 사랑한다고 말해보라. 그러면 나의 삶에 불행만이 아니라 행복한 순간들도 꽤 있었다는 사실을 깨달을 수 있다. 그래야 불행하다는 우울에서 벗어날 수 있다.

그런 후에야 과거에 입력된 부정적 상처들이 아물고 성숙한 어른으로 나아갈 수 있게 된다. 이런 과정을 거치면 자연스럽게 부정어 대신 긍정어가 자녀를 향해 표현될 것이다.

"소중한 내 아이!"

"난 네가 있어 행복하다."

"너는 나의 보배야!"

어머니가 오직 하나뿐인 자식을 자신의 목숨보다 소중하게 보호하듯 지극한 자비를 베풀어야 한다. 온 세상의 위로, 아래로, 옆으로 끝없이 모두를 감싸는 마음, 자비의 마음을 펼쳐야 한다.

어느 일요일 오후 집에서 가까운 산책로를 한가로이 걷고 있는데 어디선가 큰소리로 우는 아이의 울음소리가 들려왔다. 다가가 보니 회초리를 든 엄마 앞에 서너 살쯤 되어 보이는 남자아이가 울면서 두 손으로 빌고 있었다. 빈다는 것은 두렵다는 뜻이다.

"걸어갈래, 보행기 타고 갈래? 네가 결정해… 빨리 결정하지 못해!" 화가 잔뜩 난 엄마는 아이에게 한 가지를 선택하라며 다그쳤다.

얼핏 들어도 지금 엄마는 아이 수준에 맞게 합리적인 두 가지 대안을 제시했다. 그리고 아이는 그 중 하나를 선택만 하면 덜 혼나련만 왜 선택은 하지 못하고 울고만 있을까? 너무 무서워서? 아니면 엄마 말이 이해가 안 되어서?

계속 울기만 하는 아이를 매로 위협하던 엄마가 더 이상 참을 수 없었는지 아이를 두고 잰 걸음으로 걸어갔다. 그러자 아이는 더 크게 울면서 엄마 뒤를 허겁지겁 쫓아갔다. 그 뒷모습이 마치 우리네 현실이 아닌가 싶었다.

선택권을 주는 부모

부모가 자녀에게 선택할 수 있는 권한을 주는 것은 매우 민주적인 방법이다. 아이는 부모의 강요 없이 스스로 선택할 수 있으니 책임감을 갖는다는 장점도 있어 권장하는 방법이다. 그러나 이때 부모들이 놓치기 쉬운 것이 하나 있다.

즉 부모의 감정이 개입된 무서운 표정, 위협적인 말과 함께 제시되는 선택권은 강요이지 선택권이 아니라는 사실이다.

어린 아이일수록 엄마가 하는 말의 내용보다는 말하는 음성이나 표정을 보며 상황 판단을 한다. 예를 들어 엄마가 웃음 띤 얼굴로 '넌 나쁜 애야!'라고 부드럽게 말하면 그 내용이 무엇이든 상관없이 아이는 '좋은 것'으로 인식한다. 그러나 성낸 표정이나 음성으로 '네가 좋아!'라고 말하면 아이는 '나쁜 것'으로 인식하여 싫어한다.

엄마가 하는 말이 아무리 좋은 의미이고 합리적인 제안일지라도 성난 표정이나 음성이면 아이는 부모가 화를 내고 있다고 판단하여 겁을 먹는다. 그렇게 되면 제대로 된 선택을 못할 뿐 아니라 어떤 선택을 해도 엄마는 화를 낼 것이라 생각한다.

뇌생리학자들에 의하면 인간의 뇌는 긴장이나 두려움, 불안

등으로 스트레스 상태가 되면 지성의 뇌에 영향을 주어 합리적인 생각이나 판단을 할 수 없도록 방해한다고 한다. 이 논리로 보면 부모가 아이에게 선택권을 제시할 때는 표정이나 목소리에서 '엄마는 네 선택을 존중해'라는 느낌이 드는 편안함을 줄 수 있어야 한다. 부모가 아이를 진정으로 이해하고 수용하려는 마음일 때 편안함은 자연스럽게 배어나온다. 이는 자비심의 토대를 이루게 된다.

부처님은 승단의 안정과 화합을 도모하기 위해 제자들에게 《자비경》을 설했고 제자들은 수행과 함께 늘 암송하였다고 전해진다. 여기에 이런 말씀이 전해진다.

"어머니가 오직 하나뿐인 자식을 자신의 목숨보다 소중하게 보호하듯 지극한 자비를 베풀어야 한다. 온 세상의 위로, 아래로, 옆으로 끝없이 모두를 감싸는 마음, 자비의 마음을 펼쳐야 한다. 서거나 걷거나 앉아있거나 누워있거나 깨어있는 동안의 언제 어디서나 자비의 마음을 닦아가는 생활이 고귀한 삶이다."

부처님은 인간으로서 가장 위대하고 고귀한 삶을 자비에 두었다. 부모의 본분은 과연 무엇일까를 되돌아보게 하는 요즘 부처님은 부모를 향해 '가장 소중한 것은 자비심'이라는 깨우침을 준 것이다.

설령 부모가 좀 피곤하고 힘들다 해도 자녀를 함부로 대하거나 두려움에 떨게 해서는 안 된다. 아무리 아이 수준에 맞는 현대적인 교육 방법이라 해도 자비심이 결여된 방법이라면 그 효과는 반감될 수밖에 없다. 《자비경》을 가까이 두고 익혀볼 일이다.

지혜로운 사람은 말해야 할 때를 알고, 말할 때에도 뜻이 담긴 점잖은 말로 자신의 처지를 간곡하게 전해야 한다. 그러나 전하는 것이 도리어 좋은 결과를 얻지 못한다는 것을 알면, 자기 홀로 고통을 감내하면서 끝까지 침묵할 수도 있어야 한다.

"자녀가 아무리 요구해도 들어줄 수 없다고 판단되면 모르는 척 할 수 있는가?"

"자녀가 냉장고에서 우유를 꺼내다 쏟았다면 야단치지 않고 모르는 척 할 수 있는가?"

"자녀의 짜증내는 소리를 듣고도 모르는 척 할 수 있는가?"

이상의 질문들에 어떤 답을 하는지 자신의 반응을 스스로 점검해보면 평상시에 자녀를 어떻게 대하는지 태도를 파악할 수 있다. 만일 자녀의 이런 행동을 무심하게 넘길 수 없다면 부모는 자녀에 대해 지나친 관여를 하고 있다고 보아진다.

의도적 무관심 부모

애정과 관심은 바람직한 부모 양육 태도의 기본 조건이다. 하지만 어디까지나 적정한 수준에서 상황에 따라 알맞게 조절할 필요가 있다. 왜일까? 자녀에 대한 부모의 지나친 염려와 보호는 자칫 아이의 인성이나 행동 발달 등에 부작용을 초래할 수 있기 때문이다.

'의도적 무관심 태도'는 부모가 자녀에 대한 관심과 사랑을 기반으로 실수와 같은 어떤 행동들에 대해서는 의도적으로 무심하게 대하여 자녀를 신뢰한다는 무언의 표현을 하는 것이다.

일반적으로 부모가 자녀에게 무관심한 태도를 보이는 건 두 가지 원인에 기인한다. 첫째는 자녀에게 애정이나 관심이 없고 귀찮음을 느끼는 경우이다. 둘째는 자녀의 독립심을 신장시키거나 자녀의 잘못된 행동을 수정하기 위해 고의로 무관심한 척 태도를 취하는 경우이다.

후자의 경우가 '의도적 무관심 태도'의 개념을 적절히 설명한 것인데, 무관심이라고 해서 무조건 나쁜 것이 아니라 자녀 스스로 생각하고 행동할 수 있게 잠시 시선을 돌려주는 의미, 자녀를 돕는 의미라고 이해할 수 있다.

자녀의 성장 발달에 가장 바람직한 양육이 애정과 관심에 기반을 둔 태도임을 상기할 때 무관심은 바람직하지 못한 것으로 느껴질 수 있다. 그러나 자녀 양육 과정에서 흔히 야기되는 문제로 부모의 관심을 끌기 위한 자녀의 잘못된 행동을 볼 수 있다. 이런 경우 부모의 '의도적 무관심 태도'는 자녀로 하여금 스스로를 반성하고 숙고하는 '나홀로 시간'을 제공한다.

예를 들어 아이가 학원 갈 시간인데도 느릿느릿 행동하며 부모 속을 태울 수 있다. 이를 눈치 챈 부모가 짐짓 무관심한 태도를 보인다면 아이는 순간적으로 자신의 그런 행동이 효과 없음을 깨닫고 스스로 고치게 된다. 그러나 조급증이 있는 부모는 이를 기다리지 못하고 개입한다.

"학원 갈 시간이야, 빨리 밥 먹고 양치질해야지, 스쿨버스 올 시간인데 늦겠다."

부모의 조급증에 맞추려다 보니 아이는 자신의 잘못을 반성하기보다는 오히려 짜증을 내며 정서적으로 긴장하고 불안해진다. 이런 경우 부모가 의도적으로나마 무심한 태도를 취하여 자녀를 믿고 침묵으로 응원한다면 더 유익한 결과를 가져올 수 있다.

부처님도 제자들의 현실성 없는 질문에는 침묵으로 대하셨다. 그렇듯이 상황에 따라서 침묵은 대화이상의 효과를 가져 올 수 있는 소통법이다. 그 유용성을 부처님은 《두타 자타카》에서 다음과 같이 언급하셨다.

"지혜로운 사람은 말해야 할 때를 알고, 말할 때에도 뜻이 담긴 점잖은 말로 자신의 처지를 간곡하게 전해야 한다. 그러나 전하는 것이 도리어 좋은 결과를 얻지 못한다는 것을 알면, 자기 홀로 고통을 감내하면서 끝까지 침묵할 수도 있어야 한다."

그러나 사람들은 침묵을 못견뎌한다. 부모는 자녀의 행동을 말없이 그냥 지켜보는 일에 익숙하지 않다. 아이들은 부모가 매사를 간섭하고 끊임없이 잔소리하기 때문에 조언을 해줘도 속박으로 느끼며 아예 듣지 않으려 하니 불행한 일이다.

이런 어리석음을 경고하는 말씀이 《앙굿따라니까야》에 있다.

"수행승들이여, 어리석음을 알고, 어리석음을 버리고, 소멸시키기 위하여 다음 두 가지 원리를 닦아야 한다. 그것은 멈춤과 통찰이다."

여기서 멈춤이란 마음을 한곳에 집중하여 산란을 멈추고 평온하게 하는 사마타samatha 수행이고, 통찰은 있는 그대로의 모습을 관하는 위빠사나vipassana 수행을 말한다. 부모 역할에 함정이기도 한 어리석음에서 벗어나기 위해서는 어리석음이라는 느낌에 떠밀려가지 않아야 한다. 그러려면 나에게 일어난 그 느낌이 어리석음임을 알아차릴 수 있어야 한다. 왜냐면 내가 지금 느끼고 행동하는 것이 어리석은 줄도 모르고 행할 때가 많기 때문이다.

지금 이 순간에 깨어있다면 자신의 생각이나 느낌이 올바른지 아니면 감정에 휩싸여 어리석은 짓을 하고 있는지를 알아차릴 수 있다. 연습이 필요한 일이다.

부처님은 어리석다는 느낌이 일어나는 순간 바로 멈추라고 했다. 그런 후에 그 대상을 관찰해보라는 것이다. 예를 들면 부모가 아이의 느릿느릿한 행동을 보고 조급증이 일어날 때 '아, 내가 지금 조급해지는구나' 하며 자신의 조급증을 알아챘다면, 그 순간 조급한 마음은 멈춘다. 그리고는 '아이는 지금 가기 싫어 하는구나'라고 있는 그대로의 모습을 관하고 마음을 이해해본다.

정말로 조급해야한 하는 일인가? 대부분의 일이란 조급해야 할 실체가 없다. 그러지 않아도 될 일에 조급증을 느끼며 괴로워한 부모 자신과 더불어 내 아이까지 괴롭혔던 어리석음을 깨닫게 될 것이다.

이런 경험을 통해 부모는 자녀에 대한 간섭이나 잔소리보다는 때로는 느긋한 마음으로 자녀를 믿고 침묵으로 지켜보는 일이 더 지혜로운 부모 역할임을 알게 된다.

해야 할 일을 게으르게 하고 지켜야 할 계를 함부로 부수며, 깨끗한 행실에 힘이 있으면 마침내 큰 복을 받지 못한다.

12월은 사람들의 마음을 들뜨게 한다. 한 해의 마지막 달이라서 그런지 마무리를 잘해야 한다는 생각으로 약간은 조급증이 드는 그런 달이다. 특히 가족과의 관계에서 상처나 고통을 주지는 않았는지 반성하는 계기도 된다.

우리의 생각과 가치관이 서로 다른 만큼 각자 자신의 가정을 꾸려가는 방법이나 자녀 교육관도 여러 모로 다를 수밖에 없다.

초보 부모

"난 아빠, 엄마를 가장 존경하고 사랑해요."

자녀들이 이렇게 말한다면 이 가정은 평화롭고 따뜻함이 넘치는 행복한 보금자리다. 그러나 어떤 가정은 가족들이 그야말로 적을 대하듯 서로에 대한 미움과 증오가 가득하다.

"쟤는 틀렸어, 난 아들 하나 없는 셈 치면 돼." 이와 같은 냉정함과 차가운 시각으로 자녀를 대한다면 더 이상의 평화나 행복은 기대하기 힘든 불행한 가정임에 틀림없다. 힘들게 아이를 낳아 애지중지 키워왔을 텐데 어느 순간 왜 이토록 서로를 저주하는 부모 자녀 관계가 되었을까? 부처님의 말씀을 빌리자면 가장 큰 문제 원인은 무지無智, 즉 어리석음이다.

어린 시기는 부모에 완전히 의지하여 살아간다. 그러므로 아이에게 이 시기는 부모 역할이 어느 때보다 중요하다. 그러나 생각해보자. 아이를 낳아 키우는 부모들의 이때 나이는 몇 살인가?

최근의 세태가 결혼을 늦게 하고 출산도 늦어지는 경향이 있지만 대부분 20대 내지는 30대이다. 사회생활을 시작하는 시기도 거의 이즈음인 상황을 고려해보면 남의 인생 그것도 어린 아기를 책임지고 잘 기르기엔 여러 가지로 미숙할 뿐 아니라 자기 한 몸 잘 살아가기도 버거운 '초보 부모'들이다.

초보 부모는 아마도 운전면허증을 처음 발급받은 초보 운전자가 자동차 뒷면에 '초보 운전'이라는 스티커를 붙이고 도로를 주행할 때 느끼는 긴장과 두려움 그리고 약간의 설렘을 느낄 것이다. 운전이 손에 익어 능숙해질 때까지는 거듭 배우고 연습하는 과정을 늦추지 말아야 하듯 초보 부모도 부모 역할을 잘하기 위해서는 아이의 발달 특성을 이해하고 아이가 원하는 보살핌과 배려로 정성을 다하는 노력이 필요하다.

처음 자식을 낳아 바른 인간으로 키워낸다는 것은 누구에게나 참으로 어렵고 힘든 일이다. 그런 때문인지 모든 인간은 자라면서 부모의 미숙한 역할로 인해 크든 작든 마음의 상처를 받으며 성장한다. 문제는 이 상처들을 제대로 해결하지 못하고 자랐을 때 그 부작용이 자기보다 약한 자녀에게 표출될 수 있다는 점이다. 이처럼 인간의 무의식은 기회만 오면 어떤 식으로든 자신을 짓누르는 상처로부터 벗어나기를 원한다. 이는 생명체에 부여한 일종의 살기 위한 몸부림으로서 삶의 동력이며 자동 반응적 속성이기도 하다.

한 인간이 건전한 성품을 가진 인격체로 자라려면 마음의 상처들은 가능한 어린 시절 가정이라는 울타리 안에서 부모의 어루만짐과 위로를 받는 치유의 과정을 거치는 것이 가장 좋다. 부모의 마음이 따뜻하고 관대한 분이라면 양육 방법이 조금 서툴더라도 자녀는 상처 난 마음을 그나마 위로받으며 극복해 갈 수 있기 때문이다. 이런 과정을 통해 아이는 당당하고 자신 있게 미래의 삶을 향해 도전해간다.

그러나 냉정하고 이기적이며 아집이 강한 부모, 가족이 서로 화합하지 못하고 다툼이 많은 가정에서 자라는 아이는 치유는커녕 원망과 미움만이 가득한 채 어른이 된다. 그 결과 훗날 부모가 되었을 때 자신이 가진 마음의 상처를 자기 아이에게 되풀이하는 잘못된 부모 역할을 하게 되는 경우가 있다.

부모 되려는 사람은 어리석은 부모가 아닌 성숙한 부모 역할을 위해서라도 배우고 익히며 노력하는 자세가 필요하다.

부처님은 열반의 순간까지도 중생을 향해 '게으름 피우지 말고 정진하라'고 이르셨다. 그토록 당부하신 이유는 게으름의 해악이 자신은 물론 주변 사람에게도 전해지기 때문이다.

이를《법구경》에서는 다음과 같이 전한다.

"해야 할 일을 게으르게 하고 지켜야 할 계를 함부로 부수며, 깨끗한 행실에 힘이 있으면 마침내 큰 복을 받지 못한다."

부모로서 해야 할 일을 하지 않는 것도 게으름이다. 부처님 말씀에 따르면 부모 역할에 게으름을 피운다면 훗날 자식 복을 받지 못할 뿐 아니라 더 큰 고통도 감수해야 한다는 일종의 메시지가 아니겠는가. 혹여나 돈벌이나 출세하는 데 온 힘을 다 기울이는 부모라도 그것만이 곧 부모 노릇을 잘하는 것은 아니다. 자식의 일은 세상에서 말하는 성공과는 다른 차원의 일이다.

누구나 처음 하는 일은 미숙하고 서툴기 마련이다. 더구나 인간을 키워내는 부모라는 과업은 무한한 인내심과 책임감을 요하는 일이다. 젊은 세대는 자신에 대한 애착도 많아 자녀를 위해 참고 양보하는 부모 역할을 무리 없이 소화하며 실수 없이 수행한다는 것은 참으로 어렵고 버거운 일임에 틀림없다. 그러나 자신이 선택한 부모가 아니겠는가? 그래서 책임을 느껴야 한다. 부모로서 주어진 책임들 적어도 기본적인 자세나 행동을 그 누구에게 떠넘겨서는 안 된다. 특히 영유아시기에 부모와의 상호작용은 발달에 막대한 영향을 미치므로 다른 사람에게 미루어서는 안 되며 부모자신의 의지와 책임을 요할 뿐이다.

만일 그동안 부모의 어리석음과 성냄으로 인해 자녀에게 마음과 몸에 상처를 주었다면 깊이 참회하고 이제부터라도 초보 부모의 실수를 만회하고 새로운 의지를 다지는 나날이기를 기대한다.

수행승들이 화합하고 친절하고 다투지 않고 우유와 물처럼 융화
하며 서로 사랑스러운 눈빛으로 지내는 이것을 화합의 모임이라
한다.

"또 외출이야? 오늘은 모처럼 우리 가족이 함께 가족 모임을 가졌
으면 하는데."
　"전 빠질게요. 친구들과 약속이 있어 안 돼요."
　친구들과의 모임을 기대하는 희영에게 엄마 말이 귀에 들어올
리 없다. 올해 중학교에 입학한 희영이는 거의 모든 중학생들이
그러하듯 친구를 좋아해서 항상 또래 친구들과 있기를 원한다.
어쩌다 집에 있는 날이면 가족은 안중에도 없는 듯 핸드폰을 손
에서 안 놓고 주로 친구들과 SNS대화에 몰입하곤 한다. 이런 광
경이 어디 희영이네 집만의 일이겠는가. 십대의 이런 태도는 여
느 가정에서도 흔히 목격되는 일이다.
　그렇다고 부모로서 쉽게 받아들일 수 있는 일만은 아니다. 행
복한 가정 가꾸기를 위해 부모로서 뭔가 잘못하는 것 같아 무력
감이 들기 십상이다. 아이를 어떤 식으로 대하면 좋을지 몰라 난
감하고 멍해진다.

화합하고 노력하는 부모

반면 청소년들의 입장은 어떨까?

"집에 있으면 엄마가 감시하고 잔소리를 많이 해서 피곤해요. 서로 통하는 친구들끼리 모여서 수다 떠는 게 좋아요. 노래도 들으며 그냥 즐겁게 시간을 보내고 싶을 뿐이에요."

이렇듯 부모와 자녀는 상대를 이해하고 배려하기보다는 자기 생각이 옳다, 내 말이 맞다고 강조하는 데서 관계가 더욱 소원해지고 만다.

이런 문제와 관련해 부처님은 이미 다양한 설법으로 해결 방안을 주신 바 있지만 우리는 귀 기울이지 않았다. 실생활에서 실천하면 간단한데 내 생활에 적용해보려는 노력을 하지 않는다.

그중에서도 《앙굿따라니까야》에는 승단의 화합을 위해 승가 구성원들이 어떤 자세로 임해야 하는지 또한 취해야 할 태도와 그 공덕은 무엇인지에 대한 부처님의 가르침을 다음과 같이 묘사하고 있다.

"수행승들이여, 어떤 것이 화합의 모임인가? 그 모임 가운데 수행승들이 화합하고 친절하고 다투지 않고 우유와 물처럼 융화하며 서로 사랑스러운 눈빛으로 지내는 이것을 화합의 모임이라

한다. 수행승들은 이러한 때에 많은 공덕을 낳고 청정한 삶, 즉 기쁨에 의한 해탈로 희열이 생겨난다. 정신적으로 희열이 생겨나면 몸이 안정되고, 몸이 안정되면 행복을 경험하고 행복한 자의 마음이 한곳으로 모인다.”

부처님은 화합하는 곳에 공덕도 따른다는 의미 깊은 말씀과 더불어 우유와 물의 융화를 비유하여 화합을 설명하셨다. 우유(자녀)는 물(부모)의 작용으로 드러난 또 다른 모습일 뿐 본질은 다르지 않다. 부모 또한 자녀의 겉모습만 보고 나와 다르다고 비난하는 어리석음에서 벗어나 본질에 입각한 이해로 융화를 이루어야 한다.

가족이 화합하면 삶이 청정하고 안정되어져 각자가 지닌 능력과 지혜도 충분히 일깨울 수 있다. 이때의 보너스로 기쁨과 행복이 주어지니 이보다 더 큰 공덕이 어디 있겠는가?

가정의 화합을 다지는 손쉬운 방법으로 가족회의가 있다. 가족회의란 가족이 일주일에 한 번 정기적으로 모여 그동안의 경험을 서로 이야기하고 격려도 하며 고민이나 문제를 해결하는 모임이다. 물론 가족회의의 필요성에 대해 의아해 하는 부모도 있다. “왜 가족회의를 하지? 우리는 이미 매일 얼굴을 마주 대하고 있는데! 회의는 무슨 단체에서나 하는 것이지 가정에서 무슨 필요가 있을까? 내가 자랄 때 우리 집은 회의를 해본 적이 없어!”

그러나 가족회의를 통해 가족 구성원들이 얻는 유익함은 여러 가지가 있다.

먼저 좋은 감정을 공유할 기회를 가지며 함께 즐거운 시간을 보내게 해준다. 또 가족은 서로 돕는 '한 팀'이라는 느낌이 들게 하고, 자녀에게 존중감을 키워주고 문제 해결 방법을 가르친다.

부모의 폭력과 거친 언어 사용을 줄일 수 있고 자녀는 자신의 의견이 경청되고 또 사랑받고 있음을 깨닫는 기회가 된다.

게다가 가족회의는 가족의 화합은 물론 자녀로 하여금 말하기·듣기·규칙 준수와 같은 사회생활에 필요한 상식과 덕목을 배우는 연습장이며 논리적 사고를 배양하는 교육의 장이 될 수 있다. 이와 같은 점을 감안한다면 가족회의를 정례화하여 효과적으로 활용할 필요가 있다. 아마 아이들이 논술학원에서 배우는 효과 이상의 사고력도 증장시킬 수 있기 때문이다. 현명한 부모가 되는 길은 그리 어렵지 않다.

2

가정형 육도윤회

'우리 집은 지옥이야'라는 말이 아이 입에서 나왔다면 부모는 어떤 느낌이 들까? 불교에서 말하는 육도윤회가 바로 우리 가정에서도 일어날 수 있다는 사실에 부모들은 놀랄 것이다.

거의 모든 부모는 지옥에서 천상에 이르는 여섯 단계의 윤회 과정을 뜻하는 육도윤회를 우리 가정과는 거리가 먼 사후세계 일로 생각하겠지만, 어떤 아이들은 자신의 집을 지옥으로 여기며 불통형 같은 육도의 이미지를 느끼며 살아가고 있다.

이제 부모들은 2장을 접하며 현재 우리집은 그 누구의 힘에 의한 것이 아니라 부모 자신이 만들고 가꾸어온 결과물이며 그 바탕에는 나름의 습관적인 행동 유형들이 내재한다는 사실을 깨닫게 될 것이다. 이를테면 가정을 관리하는 부모의 역할에 문제가 있거나, 부모의 성격적인 문제로 인해 정상적인 가정 기능이 작동할 수 없었는지도 모른다.

이를 배경으로 부모들은 그간 자신을 포함한 가족 구성원들이 가정이라는 울타리 안에서 희망보다는 좌절을 더 느끼며 기거하였음을 깨닫고 가정의 의미를 원점에서 다시 조명하는 기회를 맞게 될 것이다. 그럴 때 비로소 부모는 왜 이런 유형의 가정으로 이끌어지도록 방치했으며 부모 자신의 문제는 무엇인지 등 다각도로 통찰할 수 있다. 그런 후에야 건실하고 화목한 가정의 기능을 회복할 수 있는 방법을 나름대로 창출할 수 있을 것이다.

지옥형
폭력의 대물림을 끊을 수 없는가

오래전 학생들의 현장실습을 위해 소년원을 방문했을 때이다. 이곳 소년원생 중에는 가정으로 돌아간 후에도 또다시 가출하여 죄를 짓고 들어온 재범, 3범들이 있었다. 그 이유를 묻자 원생들 상당수가 '가정이 지옥처럼 느껴져 부모와 함께 살면 숨 막혀 죽을 것만 같아 집을 뛰쳐나오게 된다'는 것이다. 한창 부모의 관심과 도움을 받으며 건강하게 자라야 할 청소년들이 왜 가정을 지옥같이 느끼게 되었는지, 그리고 집보다 소년원이 더 낫다고 생각하여 고의로 죄를 범하고 들어오는지 참으로 안타까웠다.

우리가 생각하는 지옥은 어떤 곳인가? 활활 타오르는 불 속이나 끓는 기름이 먼저 떠오른다. 사지가 끊어지고 녹아내리는 고통을 겪으며 두려움과 불안에 떠는 곳이 아니던가?

가정이 지옥만큼 고통스럽다는 아이들, 그리고 여전히 어디에선가 고통으로 신음하며 위협받는 아이들의 지옥은 학대와 폭력을 휘두르는 부모 행동이 그 원인이 아니겠는가?

폭력의 뿌리는 분노다. 분노는 타오르는 불길과 같아 자신과 주위를 태우는 공격성을 지녔다. 부모 인생에 귀찮은 존재라고 생각되는 자녀라면 언제든 폭력의 대상이 될 수 있다. 내 마음이 평정하고 행복한 사람은 결코 남에게 고통을 주지 않지만 화가 많은 사람은 자기 마음이 지옥이기에 분노 조절이 어렵다. 선한 심성과 행동의 싹이 화의 불길로 타버렸기 때문이다. 그래서 분노가 많은 사람은 자신의 주변까지 분노의 불길로 태우며 다른 사람들까지 불행의 늪으로 끌고 들어가기 때문에 위험하다.

부처님 당시에도 비구 데바닷타가 사악한 행동으로 승가의 화합을 위협하고 분열시키는 혼란이 있었다.《증일아함경》〈불체품〉을 보면 악행의 과보가 얼마나 무서운지 부처님께서 말씀하신다.

"어떤가? 비구들아, 혹 어느 누구라도 데바닷타에게서 깨끗한 법을 보았느냐? 그가 지은 악이 너무도 무거워 겁이 지나도록 죄를 받아도 치료할 수가 없으리라. 그에게서는 내 법 가운데에서 칭송할만한 털끝만큼의 선도 보지 못하였다. (…) 저 어리석은 데바닷타는 오로지 삿된 이득에만 집착하여 오역죄를 지었으므로 몸이 무너지고 목숨을 마친 뒤에는 나쁜 곳에 떨어질 것이기 때문이다."

부처님 말씀에서 우리는 선악의 과보를 무시하고 욕망에만 집착하여 선한 삶을 살지 못한 과보가 얼마나 무거운지를 깨닫게 된다. 그러나 폭력을 행하는 부모는 엄연한 인과의 도리를 애써 외면하거나 무시한다. 부모의 폭력은 후대로 이어지는 대물림을 한다. 이것이 폭력의 윤회다. 이 윤회의 고리를 끊기 위해서라도 자녀는 안전하고 따뜻한 가정에서 고운 심성을 길러가야 한다.

"어린이는 건전하게 태어나 따뜻한 가정에서 사랑 속에서 자라야 한다."

대한민국 어린이 헌장에 명시된 내용이다. 해마다 5월 5일 어린이날이 되면 어린이를 위한 잔치가 각 지방마다 성대히 펼쳐진다. 이 날만큼은 모든 어린이가 주인공이 되어 행복을 만끽하도록 돕기 위해서다. 단 모든 아이들을 위한 화려한 행사 못지않게 그 뒤안길에서 부모의 폭력으로 불안에 떠는 아이들을 찾아내 보살피는 노력도 있어야 한다.

적어도 대한민국 어린이가 지옥에 살도록 방치해서야 되겠는가? 분노의 정서는 자비심의 배양으로 소멸할 수 있다는 불교적 관점에서 자비심은 폭력적인 부모가 키워야 할 핵심 덕목이다. 아울러 자녀의 상처 난 마음을 위로하고 감동을 안겨주는 부모의 참회를 자녀에게 표현해보자. 자비심을 일으키는 효과가 있다.

"사랑하는 내 아이야! 그간 말과 행동으로 알게 모르게 너에게 많은 상처를 주었지. 정말 미안하다. 네게 용서를 구하고 싶구나. 이제부터 난 우리 가족이 평화롭고 행복하도록 노력할 거야, 너도 도와줄 수 있지?"

아귀형

탐욕을 부려 얻는 것은 무엇인가

고등학교 2학년 소명이는 학교에서 소문난 학생이었다. 전교 석차 1, 2등은 언제나 소명이 차지였다. 학교생활도 성실한 모범생이라 선생님들에게도 인기가 높았다.

이런 소명이를 유독 불안하게 하는 일이 있으니 학교에서 치른 시험 결과 발표 날이다. 만일 전교 석차에 3 이상 되는 숫자가 적혀 있기라도 하면 소명이의 얼굴엔 웃음이 사라지고 옆에서 보기에도 안쓰러울 정도로 우울해했다. 소명이의 엄마가 중학교 교사이고 유독 딸의 전교 석차에 집착해 조금이라도 등수가 밀리는 날에는 무섭게 질책하고 매질도 한다는 사실은 뒤늦게 알았다. 주변에서는 엄마의 탐욕에 혀를 찼지만 정작 부모 자신은 그렇게 생각하지 않았다.

대학에서도 이를 뒷받침하는 결과가 있어 관심을 끈다. 이른바 명문대라고 불리는 대학생들을 대상으로 조사한 심리 분석 결과, 그들이 털어놓은 속마음은 이랬다.

'고등학교까지는 내가 원해서 공부한 것이 아니라 부모가 시키는 대로만 성실히 했을 뿐이다.'

아이들은 스스로 원해서 삶을 살아본 적이 없었다. 그 결과 대학생이 되고 나이가 들어 어른이 되어야 하는데도 여전히 혼자 힘으로 무엇을 해야 할지 모르겠고 대학 생활에도 어떻게 적응해야 할지 모르겠다고 한다. 부모의 탐욕이 자녀를 얼마나 무기력하게 만드는지를 보여주는 병폐이다. 아이가 다 커서 스스로 할 수 있는데도 착륙 지점 근처를 거센 바람을 일으키며 도는 헬리콥터처럼 치맛바람을 일으키며 여전히 자식의 주위를 맴돌며 간섭하는 '헬리콥터맘', 잔디를 미리미리 자르는 것처럼 자녀에게 일어날 장애물들을 부모가 알아서 해치워버리는 '잔디깎이맘'. 오죽하면 일부 극성 엄마들에게 이런 별명이 붙어서 회자되겠는가.

부모의 탐욕에 순종하며 자란 아이에게 나타나는 몇 가지 공통점이 있다. 부모의 간섭을 좋아하지 않으면서도 거절도 못한다. 왜? 부모의 기대를 외면하고 자기 인생을 혼자 스스로 살아가기에는 자신감이나 용기가 없기 때문이다. 부모의 관심과 사랑을 잃지 않으려 순종한다. 왜? 사랑을 잃는 것은 두렵고 불안하니까. 그리고 부모의 탐욕 때문에 자기 인생이 뒤틀린 것 같아 부모에 대한 분노가 많지만 그렇다고 드러내놓고 표현도 못한다. 대신 그러한 감정은 인간에 대한 미움과 원망으로 번진다. 또 자신의 무능감을 탓하며 자기 비하와 정체성혼란으로 시달린다. 더 심해지면 자살로 이어질 수 있다. 일종의 소극적 반항을 한다.

부모는 자신의 사랑이 잘못된 욕망으로 오염되어 의도와는 달리 자녀를 불행으로 몰아넣을 수 있다는 것을 알아야 한다. 그렇다면 과연 탐욕의 뿌리는 무엇일까? '결핍'이다.

결핍은 지금 당장 발생한 것이라기보다 오래전부터 누적되어 온 것들이다. 이를테면 어린 시절부터 돈·권력·공부·외모 등으로 무시당한 경험들이 마음 깊이 남아 결핍이라는 한恨을 형성한다. 남들이 보기에는 별것 아닌 일이 어떤 사람에게는 평생의 상처로 남는다. 이 결핍의 한을 비상식적으로 이기적으로 충족하려는 시도가 탐욕이다.

탐욕은 생각은 물론 말과 행동으로 표현되는데 세상을 향한 열정이나 소원이라는 이름으로 드러낼 수 있다. 예컨대 어린 시절 가난으로 고통받고 무시당한 경험은 재물을 탐해 놀부처럼 수단 방법을 가리지 않는 돈벌이로 결핍을 충족시킬 수 있다. 학벌에 한을 가진 사람은 그 결핍을 자녀가 대신 풀어주기 원한다. 자녀가 원해서 이루어진 것이 아닌 일방적이고 강압적인 부모의 뒷바라지나 열정도 알고 보면 탐욕의 한 형태이다.

탐욕을 추구하는 궁극적 목적은 무엇일까? '타인의 관심'을 받고 싶어서다. 어린 시절 부모의 칭찬에 행복을 느꼈듯이 인간의 무의식엔 타인의 인정을 계속 받고 싶은 욕구가 있다. 이때 건전한 방법으로 타인의 관심을 받으려는 노력을 한다면 좋으련만 어떤 사람들은 그릇된 욕망 추구로 인해 주위를 먼저 괴롭게 하니 타인의 인정을 어떻게 받겠는가.

인간의 욕망이 얼마나 허망한 것인지를 《숫타니파타》에서 말한다.

"욕망으로 생존의 쾌락에 붙잡힌 사람은 해탈하기 어렵다. 남이 그를 해탈시켜줄 수도 없다. 그는 미래와 과거에 집착하면서 눈앞의 욕망에만 빠져든다. 그는 욕망을 탐하고 거기에 빠지며 인색하고 옳지 못한 일에 친근하지만 죽을 때는 괴로움에 짓눌려 슬퍼한다. 나는 죽으면 어떻게 될까하고."

인간은 욕망을 향해 달려가지만 결국 끝이 없는 그 욕망의 무상함을 보게 되면 지난 자신의 그릇된 행동을 후회하고 고통으로 슬퍼한다는 부처님의 말씀이다. 욕망과 고통은 한 몸이다. 마치 아귀가 바늘귀만 한 좁은 목구멍으로 태산 같은 욕망의 배를 채우기란 불가능하여 늘 결핍으로 고통스러워하듯이 욕망은 신기루와 같은 허상이다.

축생형
인간의 언어를 쓰지만 말이 통하지 않는 이유

열일곱 태진이는 올해 고교 진학을 포기하고 하릴없이 집에서 시간을 보내고 있다. 무슨 이유일까? 태진이는 명문이라 알려진 고등학교 시험에 떨어졌는데, 그때 태진이 엄마는 분노하며 말했다. "명문도 아닌 학교는 다녀서 뭐해!"

이 한 마디로 태진이 엄마는 아이가 학교에 다닐 권리를 박탈했다. 태진이네 집에서 엄마의 뜻을 부정한다는 것은 있을 수 없는 일이기에 순종하는 태진이를 보다 못한 이웃과 지인들이 나섰다. 태진이가 학교 갈 시간인데도 집 근처 마트나 미용실을 들락거리며 심심함을 달래는 이유가 알려지자 이웃들이 나서서 그 엄마를 설득한 것이다. 그래서 얻어낸 방안이 검정고시 준비였고 태진이는 그나마 다행으로 여겼다.

특이한 일이라 생각되는가. 놀랍게도 우리 주변에선 이런 일이 종종 벌어지고 있다. 언제부터인지 우리나라 거의 모든 학교는 명문이나 하류 중 그 어떤 꼬리표를 달고 있다. 부모와 사회가 나름으로 등급을 분류해 붙인 것이다. 그리고 그 폐해와 불이익과 고통을 지금 우리 아이들이 받고 있다. 이것이 인과응보가 아니겠는가.

과거 어느 때보다도 오늘날 부모 세대는 박학다문하여 매사에

빈틈이 없고 이성적이다. 열정도 많아 자녀의 학업이나 특기 교육 등에 많은 기여를 하고 있다. 그러나 과유불급이란 말처럼 어떤 부모는 너무 앞만 보고 돌진한다. 좌우를 살피는 융통성이 없으니 내 생각만 옳고 남의 의견에는 귀 기울이지 않는 불통의 자기모순에 빠지고 있다.

자신의 잘못된 견해를 잘못인 줄 모르고 우기며 옳다고 생각하는 사람을《맛지마니까야》는 이렇게 말한다.

"잘못된 견해를 가진 자에게는 두 가지 경로가 있다. 축생으로 태어나거나 지옥을 간다."

어디 내생에서만의 일이겠는가. 부모의 잘못된 생각은 자신의 자녀와도 통하기 어렵다.

오로지 부모인 자기 생각이 가장 옳고 최선이라 믿기에 자녀 인생 전반을 로봇처럼 설계하고 조종하려 든다. 엄마가 결정하고 통보하면 자녀는 로봇처럼 무조건 따르도록 강요하니 자녀는 점점 수동적이고 무기력한 인간으로 길들여진다.

이런 부모에게 자녀의 실패나 시행착오는 참기 어렵다. 쉽고 빠른 직통코스를 잘 알고 있는 부모의 시각에서 멀리 돌아가는 아이 행동은 한낱 어설픈 짓이니 능력껏 밀고 이끌어 주는 게 유능한 부모 역할이라고 굳게 믿는다.

물론 인간이 아닌 로봇은 가능하다. 그러나 인간은 감정과 사유능력이 있기 때문에 감정없는 로봇처럼 다루고 '우둔한 축생'처럼 앞만 보고 돌진하도록 재촉한다면 언젠가는 폭발하지 않겠는가? 분노, 충동성, 게임중독, 흡연 등이 이를 증명한다.

갓난아이도 배가 부르면 더 이상 젖을 먹지 않겠다는 신호로 빨던 젖을 혀로 힘껏 밀어내는 자율적인 소통방식을 취한다. 모든 엄마는 아기가 보내는 신호의 의미를 파악하고 "그만 먹고 싶어? 우리 아기 배가 부르구나!"라며 다정한 말로 반응해준다. 만일 민감하지 못한 엄마가 강제로 젖을 더 먹이려 든다면 아기는 어떤 느낌이 들까? 고통으로 인해 짜증을 낼 것이다. 부모의 도움을 절실히 원하던 아기도 자라면서 점차 도움보다는 자기 스스로 행동하기를 원하기에 때에 맞추어 엄마품안에서 내려놓아야 하는데 하물며 10대 청소년은 말할 나위도 없다. 자녀의 의견을 존중하고 선택할 권리를 부여해야한다. 아기 때처럼 여전히 돌봐주거나 매사를 간섭, 통제하려 들면 아이는 인생을 무의미하게 느껴 우울해진다.

부처님은 타인의 입장을 헤아리지 못하고 내 생각만 옳다고 우기는 어리석음의 해악을 《앙굿따라니까야》에서 다음과 같이 지적했다.

"수행승들이여, 어리석음에서 만들어지고 어리석음에서 생겨나고 어리석음을 인연으로 하고 어리석음을 원인으로 하는 그 행위는 악하고 불건전한 것이며 죄악이고 고통의 과보를 가져온다. 그리고 업의 발생으로 이끌어질 뿐 업의 소멸로 이끌어지지 않는다."

부처님 말씀처럼 모든 죄악의 근원에는 어리석음이 존재한다. 부모의 어리석음으로 자녀의 능력을 과소평가한 나머지 가능성을 꽃피우지 못했다면 큰 손실이 아니겠는가.

설령 입학할 고교가 부모 마음에 들지 않는다 해서 이것이 곧 자녀의 장래와 직결되듯 부모가 학교 포기를 결정해선 안 된다. 더구나 법적으로 엄연히 승인 받은 정규 학교를 부모의 선입견에 의한 판단으로 단정지어 평가하는 것은 바람직하지 않은 불통의 한 사례이다.

인간은 누구나 스스로 책임이 맡겨질 때 능력도 배가 되며 더불어 행복해진다. 만약 부모가 다음과 같이 아이에게 말했다면 어땠을까. "태진아, 학교 선택은 네 생각이 가장 중요해. 아빠와 엄마는 너의 결정을 존중하고 따를 거야."

아이에게 선택의 책임을 주면서 자녀는 자기 길을 스스로 찾아가고, 부모는 힘찬 응원자 역할을 다하는 것. 이 모습이 불통을 벗어난 진정한 '소통형 가정'이 아닐까 한다.

아수라형
십대들의 갈등 심리

송이 엄마는 완벽을 추구하는 깔끔한 성격이다. 반면에 중학교 2학년인 딸 송이는 매사에 덜렁대는 편이라 엄마와 딸은 서로 여러 면에서 잘 부딪친다. 이날도 송이는 친구 전화를 받으며 컵에 주스를 따르다가 그만 바닥에 엎지르고 말았다.

"송이야, 주스를 쏟았으면 닦아야지 뭐해?"

"닦을 거야."

"그렇게 덜렁대니 공부도 그 모양이지!"

힐난조의 엄마 말에 딸은 금방 발끈한다.

"엄마랑 말하면 신경질 나 말 못 하겠어."

주방 바닥에 흥건한 주스를 보며 짜증난 엄마와 이에 질세라 목소리를 높이는 송이는 상대를 상처주기 위해 작정한 모습 같다. 엄마는 송이의 성적이 낮은 이유가 덜렁대는 성격에 있다고 굳게 믿고 있다. 그래서 어떤 문제가 발생하면 덧붙여 화풀이를 하지만 그때마다 돌아오는 건 문제 해결이 아닌 깊어지는 갈등의 골이다.

요즘 십대를 보면 예전의 십대와는 매우 다르다. 부모 말에 순종하고 인내하는 미덕이 점차 사라지는 것 같다. 길거리에서 만나는 여중생들의 입술이 새빨갛게 칠해진 모습을 보며 기성세대는 십대들의 강한 개성과 그 다름을 실감할 것이다. 어디 외모뿐이라! 이들이 생각과 표현 방식 그리고 문화도 다르다. 원래 부모와 자녀는 가장 가까운 사이인 만큼 기대치가 높아 실망도 덩달아 커지긴 하나 오늘의 십대는 기성세대의 시각으로 보면 거의 별종들이다. 부모가 여간 현명하지 않으면 감당하기 힘든 개성파 아이들이어서 부모 자녀 간의 갈등은 어찌 보면 당연하다.

어쩌겠는가. 변화하는 시류를 탓할 수만은 없는 현실에서 자녀 교육을 제대로 하려면 부모가 변해야만 한다. 그러나 우리 부모 세대는 과연 어떤가?

자녀에게만은 여전히 구태의연한 사고방식을 고수하거나 또는 너무 앞서나가진 않는가? 혹여 자신의 가치관을 자녀에게 주입하려 명령하고 닦달하진 않는가?

그렇다면 서로의 신경전으로 갈등만 증폭되어 행복해야 할 집이 아수라 세계를 방불케 하니 이익될 게 없다. 갈등이 서로 다른 견해나 욕구 때문에 이해가 상충되고 대립하여 화합하지 못한다는 뜻이라고 볼 때 다양한 욕구를 가진 십대들의 갈등은 일종의 정신적 성장통이 아닐까 한다.

견해가 다르기 때문에 갈등하는 사람들의 심리를 이미 혜안으로 간파한 부처님의 말씀을 《디까니까야》〈계온품〉에서 살펴본다.

"인간은 견해의 동물이다. 그런데 인간이 가지는 견해는 너무 다양해서 항상 무엇이 바른 견해인가라는 질문을 수반한다."

이 말씀처럼 인간은 서로 다른 견해를 가지고 있기에 누구 견해가 더 옳고 그른지를 묻고 따지게 된다. 그러다보니 의견 충돌과 갈등은 늘 발생하기 마련이다. 어디 부모 자녀만의 문제겠는가? 형제, 친구, 이웃 간에도 견해 차이로 인한 갈등은 늘 도사리고 있다. 놀이를 하다가도 의견에 차이만 생겼다하면 그만 아수라처럼 싸운다. 인간은 참으로 자신의 생각만을 옳다고 믿고 싶어 하는 독선적인 면이 강해서 갈등 없는 부모 자녀 관계나 집단 사회를 이루기가 어려운 것 같다.

그렇다면 부처님은 이 문제를 어떤 관점으로 인식하여 해결 방안을 주셨는지 《앙굿따라니까야》〈쟁사의 품〉에서 그 가르침을 들어본다.

"수행승들이여, 어떤 쟁사가 일어날 때 잘못을 범한 수행승과 힐문하는 수행승이 각각 자신을 잘 성찰하지 않으면 그 쟁사는 필연적으로 소란과 포악으로 이끌어질 것이며 두 수행승은 화평하게 지내지 못할 것이다.

그러나 수행승들이여, 어떤 쟁사가 일어날 때 잘못을 범한 수행승과 힐문하는 수행승이 모두 나는 신체적으로 악하고 불건전한 일을 저지르고, 불쾌한 말로 잘못을 범했다. 이렇게 스스로 자신을 잘 성찰한다면 그 쟁사는 결코 소란과 포악으로 이끌어지지 않을 것이고 두 수행승은 화평하게 지내게 될 것이다."

부처님 말씀처럼 갈등의 원인은 바로 상대방이 아닌 내 문제다. 내 욕심을 채우려는 이기심이 빚어낸 부작용이다. 따라서 잘잘못을 따지며 상대를 탓하기 전에 자신의 말과 행동을 먼저 반성해야만 문제가 바로 보인다. 아이와의 관계에서도 마찬가지다.

그런 다음 자녀의 생각과 상황을 이해하고 인정해주면서 부모의 생각이나 이유를 설명하는 것이 순서이며 설득력도 있다. 자녀의 행동을 비난만 한다면 관계만 더욱 나빠질 뿐 아무런 효과도 없다. 때로는 알면서도 모르는 척 눈감아주는 부모의 '의도적 무관심'이 자녀의 마음에 더 감동으로 다가갈 수 있다.

인간형
행복하고 싶은데 상처만 나는 모순

공부에 있어서는 고교생 부모 못지않게 초등학생 부모들의 고민
도 만만치 않은 세상이다.

"난 요즈음 수영이 때문에 속상해 죽겠어. 글쎄 갈수록 잠만
더 늘어 어제는 학원도 빼먹었지 뭐니?"

"한창 잠이 많을 때야, 그럴 땐 그냥 재우는 게 효과적이야."

초등생 부모들의 통화 내용이다. 아들이 잠이 많아 공부에 지
장이 있다는 친구의 걱정하는 전화를 받고 혜성 엄마는 아이들을
이해하는 입장에서 위로해주었다. 하지만 똑같은 상황이 자신의
아이인 혜성이에게 일어났다면 그렇게 태연하고 너그러울 수 있
을까?

초등학교 2학년 혜성이는 일주일에 총 9군데 학원을 다닌다.
그러니까 매일 1~2군데 이상의 학원에 가야 한다. 교과목 위주만
이 아닌 예체능계열도 상당수 포함되어서 엄마는 혜성이가 좋아
한다고 굳게 믿고 있었다. 그러던 어느 날 혜성이로부터 뜻밖의
말을 듣게 되었다.

"아! 힘들다. 언제까지 이렇게 살아야 하는지 모르겠네."

놀란 엄마는 어떤 학원이 그렇게 힘이 드는지 물었고 아이에
게서 검도 학원이 더 힘들다는 말에 곧 바로 그 학원을 쉬게 했

다. 그런데 며칠 쉬던 아이가 "그동안 들인 공이 아깝고 조금만 참으면 곧 끝나니 그냥 다녀보겠어요"라며 다시 학원을 다니겠단다.

이때 대부분의 부모는 안도의 숨을 내쉬며 아이의 결정이 기특해서 흐뭇해한다. 그러나 사려 깊은 부모라면 아이의 말 속에서 '숨은 의미'를 들을 수 있어야 한다.

이를테면 아이가 학원을 쉬며 마음이 편해져서인지, 아니면 부모의 기뻐하는 모습을 보기 위한 아이의 희생이 담긴 결정인지, 부모의 실망하는 표정을 보고 불안을 느껴서인지, 또는 아이가 자신도 모르는 사이 학원에 중독된 탓인지 그 이유를 알아서 대처해야 한다. 그것이 아이의 결정에 마냥 기뻐하는 부모보다는 현명한 부모의 자세이다.

유치원 시기부터 보통 3~8군데의 학원을 다니는 한국 사회에서는 아이들이 자연스럽게 학원에 중독되는 것 같다. 그래서 아이들은 혹여 학원을 그만두기라도 하면 뭔가 모르게 불안하고 심심하니 차라리 학원에서 버티는 것이 마음 편하다고 길들여진다. 어디 학원뿐인가. 아이들은 지금 게임, 흡연, 화장, 스마트폰 등으로 유혹 당하며 점점 중독되어간다. 문제는 앞으로도 부모의 욕망과 기업의 상술이 합작한 수많은 신상품들이 쏟아져 나와 아이들을 더 바쁘고 수면 부족 상태로 몰아갈 것 같다.

부모들은 학원에서 배우는 각종 예체능 교육이 참다운 인성

교육이라고 믿는다. 돈으로 무엇이든 할 수 있다는 우리 사회에 만연된 가치관은 고액의 학원일수록 질적으로도 우수한 인성 교육을 하고 있으므로 가정에서 특별히 인성 교육에 신경 쓸 필요는 없다고 여긴다. 과연 그럴까? 물론 예체능 교육은 인성 교육에 도움이 된다. 그러나 머릿속에 이론만 가득 채우고, 실생활에서 실천하지 않는다면 그 어떤 것이라도 인성 교육이 될 수 없다. 현재 우리 사회는 고학력사회이면서 오히려 원칙은 반칙으로 무시되고 정의가 상처받는 모순성을 본다. 어찌 보면, 인간세계란 본래 모순이 지배적으로 존재할 수밖에 없는 곳이 아닌가 한다. 그럼 그 근본 이유는 뭘까?

내 생각 내 판단만이 옳다고 주장하며 다른 사람의 생각이나 판단은 배척하는 아집이 가장 큰 이유다.

그리고 가정과 사회는 이를 더욱 부추긴다. 이론만 앞세우고 실천은 없는 부모의 모순된 태도는 아이들을 얼마나 스트레스 상황에 놓이게 하며 내면에 원망이나 분노를 키우게 하는지 짐작이나 해보았는가? 사실 부모는 자녀를 위해 많은 돈과 정성을 아낌없이 들이지만 욕망이 너무 커 사고가 경직되고 유연성을 잃는다. 그래서 성공한 결과에만 관심을 두며 중간 과정에서 받는 각종 스트레스는 눈 감고 정작 아이를 위로하지 못한다. 아이들이 받는 그 후유증은 훗날 고스란히 사회를 향해 표출되고 만다.

《상윳따니까야》〈올가미경〉에 이런 부처님 말씀이 있다.

"세상을 불쌍히 여겨 하늘사람과 인간의 이익과 안락을 위하여 길을 떠나라. 수행승들이여, 처음도 훌륭하고 가운데도 훌륭하고 마지막도 훌륭한 내용이 풍부하고 형식이 완성된 가르침을 펴라."

제자들을 향한 전도 선언이지만 부모가 자녀를 교육하는 일 또한 이와 다르지 않아 부모가 깊이 새겨야 할 지혜가 담겨 있다. 전도를 떠나는 수행자가 인간의 이익과 안락을 위한다는 마음가짐으로 길을 나서듯이 부모는 마땅히 자녀의 미래 대학입시나 취업을 위해 초등생이 누릴 삶의 이익과 안락을 희생시키지 말라는 메시지를 본다. 아울러 결과를 위해 중간에 누려야 할 과정들, 즉 놀이, 생각하는 여유 시간, 단란한 가족 모임, 요리하기, 또래들과 축구하기 등을 무시하면 성공 뒤에도 결핍의 상처는 늘 남아있게 됨으로 이를 간과하지 않아야 한다.

그래서 엄마는 혜성이가 힘들어하는 학원을 쉬게 함은 물론 학원 선택은 아이에게 맡겨야 할 것이다. 이럴 때 엄마의 따뜻한 위로 한마디는 아이의 마음에 큰 감동을 안겨줄 수 있다.

"혜성아, 힘든 결정을 했구나. 엄마는 네 선택을 존중해. 단 네가 힘들다면 언제든 그만두어도 좋아."

천상형
배려하고 존중받는 따뜻한 가정

나비처럼 춤추듯 걷는 서너 살 되어 보이는 여자 어린이와 엄마가 서로 주고받으며 부르는 노래가 길가에 가득 퍼진다.

"초록 등이 켜지면 가~요? 안 가요?"

랩을 하듯 리듬을 넣어 묻는 엄마에게 아이가 노래부르듯 답한다.

"가~요."

"빨간 등이 켜지면 가~요? 안 가요?"

"안~ 가요."

가까워오는 사거리의 신호등을 보며 엄마가 아이에게 놀이식으로 교통규칙을 가르치는 모습이다. 엄마를 바라보는 아이 얼굴엔 '나 잘 알지요?'라는 듯 행복이 가득해 보였다. 그림처럼 평온하고 사랑이 훈훈하게 느껴지는 광경이다. 가정의 평화는 부모가 아이의 눈높이에 맞춘 상호작용과 관심을 통해 만들어가는 것, 자녀가 바르게 성장할 수 있는 가장 최적의 환경이 바로 이런 곳이다.

어느 조사에서 아이들은 부모가 행복해 보일 때 자신도 가장 행복하다고 대답했다고 한다. 이런 자료를 보아도 행복과 불행은 부모로부터 전파됨을 알 수 있다. 자녀는 부모가 행복할 때 자기를 향해 잘 웃고 따뜻이 말하며 친절하게 대해준다는 것을 안다.

불행한 부모는 자기 자신도 감당하기 힘들어 걸핏하면 화를 내거나, 행동에 일관성이 없고, 아이 공부에 필요 이상으로 집착하는 불건강한 태도를 보이기 때문에 아이는 늘 긴장감으로 불편할 수밖에 없다.

그러니 어떤 아이가 불행한 부모를 좋아할 수 있겠는가? 이런 경험으로 인해 아이들은 부모의 행복을 원한다. 불행한 부모는 자녀에게 존중받지도 못하니 부처님의 말씀처럼 '두 번째 화살'까지 맞는 이만저만 손해가 아닐 수 없다. 그뿐인가. 부모를 존중하지 않는 자녀는 타인에 대한 존중심도 배울 수 없다. 왜일까? 존중이란 후천적으로 배워지는 덕목이다. 불행한 부모로부터 함부로 양육된 아이가 어떻게 남을 존중할 수 있겠는가? 나아가 자기 스스로를 존중하는 마음도 엷어진다.

자녀는 부모의 옳고 그른 태도를 누구보다 잘 알고, 내면으로 이를 분석 평가하고 있다. 하지만 무서운 것은 부모의 옳지 못한 태도를 싫어하는 자녀라도 그런 환경이나 분위기에 늘 젖어 살면 자신도 모르게 훈습되어 닮아간다는 점이다. 이것이 가정교육이다. 혹여 부모가 존중받기를 포기한 사람처럼 거짓된 모습을 보일지라도 과연 그 부모가 자녀에게조차 존중받기를 원하지 않을까? 결코 아니다. 그런 부모일수록 특히 자녀로부터 존중받기를 가장 원한다. 인간은 본래 누구에게나 무시당하는 걸 두려워한다. 더구나 자녀에게 무시당한다면 자기 인생을 헛살았다고 느낄 만큼 충격적일 것이다. 그럼 어떻게 해야 자녀에게 존중받는 부모가 될 수 있을까? 인격적으로 성숙한 부모됨의 태도요, 삶을 바르고 건전하게 사는 일이다. 모든 부모들도 잘 아는 평범한 내용이지만 실천하기는 쉽지 않다.

경전에는 부처님께서 그 방법에 관해 구체적으로 설명하신 내용이 있다. 《맛지마니까야》〈꼬쌈비 설법의 경〉을 보면, 꼬쌈비시의 수행승들이 다투고 싸워서 서로를 확신시키거나 설득할 수 없는 지경에 이르렀음을 알게 된 부처님이 이와 같이 말씀하신다.

"수행승들이여, 그대들은 무엇을 알고 무엇을 보아서 다투고 언쟁을 하는가? 어리석은 자들이여, 그것은 오랫동안 불익과 고통이 될 것이다."

그러면서 수행승들이 새겨둘 여섯 가지 원리를 말씀하신다.

"수행승들이여, 사랑을 만들고, 존경을 만들고, 도움으로 이끌고, 논쟁의 불식으로 이끌고, 화합으로 이끌고, 일치로 이끄는 이와 같은 여섯 가지 원리는 새겨둘 만하다.

첫째, 자애로운 신체적 행위

둘째, 자애로운 언어적 행위

셋째, 자애로운 정신적 행위

넷째, 정당하게 얻은 소득을 함께 나누는 것

다섯째, 계행을 지키는 것

여섯째, 고귀한 견해이다."

이들 여섯 가지 원리는 수행자는 물론 재가자의 가정화합을 위해서도 귀중한 덕목들이다. 행동, 말, 생각이 옳고 고귀하며 자애롭다면 어떤 자녀가 부모를 존경하지 않겠는가? 자녀는 마음 깊은 감동으로 존중심을 갖게 될 것이다. 가정의 중심은 부모이다. 부모가 바로 서야 가정이 안정되고 평화롭다는 것은 생명의 순환법칙이다.

부처님께서 말씀하신 자애로움, 나눔, 고귀한 견해는 존중형 가정의 덕목이다. 이 세 가지에 대해 좀더 자세히 살펴보자.

자애로움

"오늘 뭐 좋은 일 있으세요?"

지아는 엄마의 밝은 표정을 보고 밝게 묻는다. 말이나 행동에는 그 사람의 감정과 생각이 담겨있어 상대를 파악하는 데 요긴하다. 기분이 나쁠 때는 말과 행동이 거칠어지며 좋은 기분에는 말과 행동도 부드러워진다. 이를 가장 잘 느끼는 관계가 부모 자녀이거나 부부일 것이다.

설거지만 거칠게 해도 "엄마, 화나셨어요?"라며 아이들은 엄마의 정서를 염려한다. 거친 행동을 일으키는 엄마의 불쾌감이 언제든 분노로 전이될 수 있음을 경험으로 잘 알고 있어서다.

다정하고 따뜻한 부모의 행동은 자녀 마음을 편안하게 해주지만, 거칠고 신경증적인 말이나 행동은 자녀를 불안하게 만든다. 모든 아이는 부모가 거칠게 따져 묻는 행동을 보이기보다는 그냥 베풀어주는 자애로운 모습을 보기 원한다.

자애로움은 어디 부모뿐이겠는가? 대부분의 사람들은 상대로부터 친절하고 따뜻한 배려를 기대할 만큼 '마음 고픈 존재'들이다. 그래서 자애로움은 이 시대가 원하는 가장 수승한 덕목이며 인격인 것이다. 부처님은 수행자들이 서로에 대한 존경을 만들고, 도움과 화합으로 이끄는 여섯 가지 원리 중 '자애로운 신체적 행위, 자애로운 언어적 행위, 자애로운 정신적 행위'를 들었다.

《앙굿따라니까야》〈공덕에 두려워하지 않음의 경〉을 보면 자애의 공덕이 얼마나 지대한지를 짐작케 하는 부처님의 경험담이 구체적으로 실려있다.

"수행승들이여, 공덕에 대하여 두려워하지 말라. 공덕을 짓는 것은 바로 행복을 지칭하는 것이다. 오랜 세월 행해진 공덕은 오랜 세월 열망하던 사랑스럽고 만족스러운 결과를 가져온다는 것을 경험으로 나는 잘 알고 있다. 나는 칠 년간 자애의 마음을 닦았는데 자애의 마음을 닦고 나서 일곱 파괴의 겁과 생성의 겁(우주의 순환 과정으로 아주 긴 시간) 동안 이 세계에 돌아오지 않았다. 우주가 파괴될 때에는 나는 빛이 흐르는 신들, 하느님의 세계에 있었고, 우주가 생성될 때에는 텅 빈 하느님의 궁전에 태어났다."

부처님은 7년 동안 자애심을 닦은 공덕으로 중생계를 초월한 빛의 세계(광음천)에 계셨다고 하였다. 무슨 의미일까? 사실 3차원을 사는 욕계의 인간이 빛의 세계를 어찌 짐작하겠는가? 빛이란 티끌만큼의 오염도 허락되지 않는 청정하고 밝음 그 자체, 곧 여래이므로 영원을 의미한다. 영원의 세계는 시공간의 구분이 없는 밝고 순수한 세계인지라 무슨 차별이 있을 것이며 그로 인해 발생하는 번뇌가 있겠는가. 그러니 빛의 세계는 너와 나의 차별이 없이 오직 모두를 향한 자비광명의 베풂, 자애만이 가득한 곳으로 이해된다.

먼 나라 이야기가 아니다. 부처님은 생명체의 본질, 마음의 근본을 말씀하신 것이다. 이 때문에 부처님은 늘 관계 속에 살아가는 우리 중생을 향해 서로 존경하고 화합하는 삶이란 '그냥 베푸는 자애'가 바탕이니 자애를 닦으라고 본래의 마음자리를 깨우쳐 주고 있다.

이와 관련한 구체적인 내용을 《맛지마니까야》〈꼬쌈비 설법의 경〉에서 요약해본다.

"수행승들이여, 여기 수행승은 동료 수행자에 대해 여럿이 있을 때나 홀로 있을 때나 마찬가지로 자애로운 신체적 행위를 일으키고, 자애로운 언어적 행위를 일으키고, 자애로운 정신적 행위를 일으킨다. 이것은 새겨둘 만한 것으로 사랑을 만들고, 존경을 만들고, 도움으로 이끌고, 논쟁의 불식으로 이끌고, 화합으로 이끌고, 일치로 이끄는 것이다."

이 말씀은 인간관계로 인해 늘 고통 받는 우리 모두를 향한 부처님의 메시지이다. 그럼에도 우리의 현실은 그렇지 못할 때가 많다. 왜일까? 자애로 인한 나눔이나 양보보다는 힘으로 얻는 이득의 욕구가 더 매력적이기 때문이다.

그래서 어떤 부모는 양보나 자애로움보다는 전투에 임하는 투사처럼 강하고 거칠다. 힘의 논리에 중독되어 강한 힘만이 세상을 살아가는 데 제일이라고 맹신하며 탐욕적인 삶을 살아간다. 후일 욕망의 무상함을 깨닫고 후회할망정 눈앞의 일시적 충동을 극복하지 못한 어리석음은 이들을 점점 더 깊고 다양한 이기적인 생활로 몰아간다.

혹여 이 시간에도 내가 사는 지역에 '장애아 시설'이 들어서기라도 할라치면 힘의 논리에 따라 머리띠를 두르고 결사반대하진 않는가?

그러나 조금만 지혜롭게 관찰해보면 자신이 얼마나 무모한 짓을 하고 있는지 금방 알 수 있다. 내 자식을 위한 좋은 환경 차원에서 반대한다는 표면적 이유로 남의 자녀는 나몰라하는 극도의 이기적인 부모 행동을 자녀는 좋아할까? 그리고 이런 행동이 진정 내 아이의 미래에 도움 되는 일이며 바른 삶의 길일까?

부처님은 그런 마음가짐으로 내 자녀, 내 가족이 얼마나 행복을 얻을 수 있는지, 그렇게 얻은 행복은 진정한 행복인지를 묻고 있다. 이제 모두가 행복해지는 길을 부처님의 가르침에서 배웠으면 한다.

나눔

"내 것보다 형 비스킷이 더 많잖아?"

　다섯 살 다산이가 간식으로 나누어준 과자가 형보다 한 조각 적은 것을 알고 떼를 쓰고 있다. 이처럼 부모가 주는 과자 하나도 아이들은 그냥 과자가 아니라 관심과 사랑으로 받아들인다. 그러니 자기 몫의 과자가 적은 것을 알면 부모의 관심과 사랑이 그만큼 적다고 믿고 공정하지 못함에 반발한다. 어디 과자뿐이겠는가. 용돈이나 옷, 책가방 같은 물건을 통해서도 아이들은 늘 비교하며 사랑을 확인한다.

　왜 아이들은 이와 같은 비교를 통해 관심과 사랑을 확인하고 싶어 할까? 한마디로 말해 '자신이 중요한 사람이고 가치 있는 존재'임을 느끼며 자신감을 얻고 싶어서다.

　인간은 열등감이 많은 존재다. 어린 시절 부모나 형보다 여러 면에서 무력한 자신을 보며 열등감은 자란다. 열등감은 우월해지기 위해 더 노력한다는 긍정적인 측면도 있으나 내가 더 관심과 사랑을 받아야만 중요하고 가치 있는 사람이라는 잘못된 인식을 갖고 있다. 그래서 매사를 경쟁하거나 비교하며 확인하고 싶어지기 때문에 자신은 말할 것도 없고 주변 사람도 힘들게 만든다.

그러나 비교를 통해 자신의 존재를 인정받으려는 욕구는 결코 채워질 수가 없다. 왜일까? 채움과 동시에 또 다른 비교대상을 찾아 헤매니 근본적인 해결책은 아니다. 그래서 부처님은 어리석은 비교 경쟁보다는 더불어 사는 삶을 살도록 가르침을 주셨다.

《맛지마니까야》〈꼬쌈비 설법의 경〉을 보면, 승가의 화합을 위해 '공정한 나눔'이 왜 필요한지를 부처님은 다음과 같이 설명하신다.

"수행승들이여, 수행승이 여법한 소득 즉 정당하게 얻어진 것이 있다면 하나의 발우에 있는 것일지라도, 소득을 남김없이 나누어, 계행을 지키는 동료들과 함께 물건을 사용해야 한다. 이것은 새겨 둘 만한 것으로 사랑을 만들고, 존경을 만들고, 도움으로 이끌고, 논쟁의 불식으로 이끌고, 화합으로 이끌고, 일치로 이끄는 것이다."

이처럼 소득은 반드시 정당한 방법으로 얻어야 하며 계행을 지키는 수행자는 누구나 공정한 나눔의 혜택을 적용받는다는 승가의 지침은 재가자의 생활에서도 다르지 않다. 재물이란 정직과 정당함을 바탕으로 취득할 때 어떤 문제도 생기지 않는다. 그리고 사용할 때는 가족 구성원들이 수긍하고 만족할 만한 투명성이 있어야만 한다. 만일 부모가 재물을 가족과 나누지 않고 '내가 번 돈 내가 쓴다는데 무슨 참견이냐'는 식의 무책임한 소비행태를 취한다면 가정의 화합이나 신뢰는 기대하기 어렵다. 그래서 나눔은 나의 욕심을 내려놓고 타인에 대한 배려, 책임감 및 자애심과 같은 덕목을 필요로 한다.

부모는 재물의 나눔 외에도 시간, 감정, 고민 등을 자녀와 나눌 수 있다. 방학을 맞은 엄마들의 스트레스가 70% 이상 높다는 조사 결과를 보았다. 이 수치를 보면 자녀는 부모의 자유를 막는 방해꾼처럼 보인다. 그러나 부모 입장을 고려하면, 그리 놀랄 일은 아니다. 왜냐면 인간은 누구나 자신의 평소 생활 리듬이 깨지면 스트레스를 받게 되어있다. 방학으로 인해 자녀를 한 달간 가정에서 돌보아야 한다는 일은 일단 부모의 생활 리듬에 변화를 촉구한다. 이것은 스트레스다.

하지만 건강한 부모라면 곧 자녀와 시간을 균형 있게 나누어 쓰는 방안을 찾게 되니 그리 염려할 일은 아니다. 문제는 자기중심성이 강하고 남을 배려해본 경험이 적은 부모가 이런 상황에 놓이면 아이와 어떻게 시간을 공유할지 몰라 귀찮고 힘들어 할 것이다. 만약 그 원인을 아이에게 돌려 골칫거리 취급을 한다면 아이는 무가치하며 사랑받지 못한다는 깊은 열등의식에 사로잡힌다. 그뿐 아니라 후일 타인을 위해 자기 시간을 할애하고 배려하는 화합의 삶을 살기도 어렵다.

나눔도 경험과 연습이 필요하다. 가정에서의 일상생활을 통해 자연스럽게 보고 익히는 경험과 이를 실천해봄으로서 배워지는 것이다. 그런 점에서 어린 시절부터 부모의 이타적인 행동과 더불어 사는 풍성한 인간미를 배우는 곳이라면 부모가 자녀에게 안겨주는 최상의 환경이 아닐까 한다.

존중형 가정의 덕목 **3**

고귀한 견해

고귀한 견해란 '있는 그대로를 바르게 보는 것'이다. 욕심내고 화
내고 어리석은 탐진치食嗔痴를 벗어난 집착함이 없는 맑고 바른 앎
이다. 우리가 모든 사물을 바르게 볼 수만 있다면 왜곡으로 인한
쓸데없는 대립이나 고통은 일어나지 않을 터이니 삶이 고결해진
다. 그 한 예로 어린 시절 즐겨 읽던 동화 〈여우와 두루미〉가 있다.
간단히 이야기해보면 다음과 같다.

　어느 날 햇살이 가득한 호수를 두루미가 걷고 있는데 여우가
나무 뒤에 숨어 이를 지켜보고 있었다. 여우와 두루미는 며칠 전
에 서로 싸웠는데 여우는 두루미를 골려주고 싶어졌다. 집으로
돌아온 여우가 두루미에게 맛있는 스프를 준비했다면서 초대를
하였고, 두루미는 여우와 화해하는 줄 알고 기쁜 마음으로 초대
에 응한다. 그런데 여우는 자신이 좋아하는 납작한 접시에 음식
을 담아 내놓으니 두루미의 긴 부리로는 그 음식을 전혀 먹을 수
가 없었다. 화가 난 두루미는 이번에는 여우를 자신의 집으로 초
대하여 스프를 대접한다고 하면서 음식을 긴 호리병에 담아 내놓
았다. 부리가 없는 여우는 주둥이가 긴 그릇의 음식을 전혀 먹을
수가 없었다.

　이 동화는 우리에게 무엇을 일깨우고 있는가? 이 이야기의 취

지는 나와 남의 다름을 이해하거나 배려하지 않고 오히려 그 약점을 이용해 공격한다면 화합을 이룰 수 없다는 것이다. 여우와 두루미는 서로의 약점을 이용해 골탕 먹이려고만 했지 상대를 배려하는 마음은 전혀 없었다. 왜인가?

잘못된 견해로 인해 상대방의 특성을 바르게 알려고도 하지 않고 그 다름을 인정하지도 않아 결국 상대를 화나게 해서 화합을 깨버린 것이다.

부모와 자녀도 이와 다르지 않다. 부모 자녀 간에 발생하는 다툼도 대부분 서로 다른 생각이 원인일 때가 많다.

"너는 도대체 내가 하는 말마다 왜 그리 토를 달긴 다니, 좀 고분고분하면 안돼?"

따져 묻는 부모는 자녀의 생각을 바르게 알지 못했고 또 그 다름을 인정하기도 싫다고 표현하고 있다. 그러니 서로 충돌하게 된다. 우리가 사는 세계는 항상 상대적 모순을 안고 있다. 일단 우리에게 말과 생각이 일어나면 '옳고 그름' '좋음과 나쁨'과 같은 이분적 틀이 형성된다. 왜인가? 내 것이라는 견해가 생기면서 분별심이 작용하기 때문이다. 그리고 분별하는 견해는 늘 고통을 동반한다.

부처님 당시에도 이런 견해의 문제점을 질문하는 제자가 있었다.《맛지마니까야》〈버리고 없애는 삶의 경〉의 이야기이다.

"세존이시여, 자아에 대한 이론이나 세계에 대한 이론과 관련하여 수많은 견해가 생겨났습니다. 처음으로 명상 수행을 시작하는 수행승은 어떻게 해야 이와 같은 견해가 버려지고 폐기됩니까?"

부처님이 말씀하셨다.

"쭌다여, 자아에 대한 이론이나 세계에 대한 이론과 관련하여 수많은 견해가 생겨났다. 이러한 견해가 잠재하거나 돌아다닐 때에 '이것은 나의 것이 아니고 이것은 나의 자아가 아니다'라고 있는 그대로 올바른 지혜로 보면 이와 같은 견해는 버려지고 폐기된다."

부처님 말씀처럼 수많은 견해는 나라는 집착에서 비롯한 것이다. 나를 내려놓는 순간 삿된 견해는 사라진다. 그러면 지혜가 밝아져 더 이상 나와 상반된 의견을 배타적으로 여기지 않는 관용, 배려, 존중감이 드러나 화합을 이루게 된다. 우리가 주관적인 자아에 지배를 받는 한 객관세계가 내 관심 영역에 바르게 들어올 수는 없다. 나를 내려놓아야 비로소 있는 그대로 보는 객관적 앎의 틀이 생기니 이것이 '고귀한 견해'다.

《맛지마니까야》〈꼬쌈비 설법의 경〉에서는 이를 보다 이해하기 쉽게 설명해준다.

"수행승들이여, 수행승은 해탈로 이끄는 고귀한 견해가 있어 그것을 실천하면 올바로 괴로움의 소멸로 이끄는데 수행승은 이와 같은 견해에 관하여 동료 수행자들과 함께 여럿이 있을 때나 홀로 있을 때나 마찬가지로 그 견해와의 일치를 도모해야 한다. 이것은 새겨둘 만한 것으로 사랑을 만들고, 존경을 만들고, 도움으로 이끌고, 논쟁의 불식으로 이끌고, 화합으로 이끌고, 일치로 이끄는 것이다."

부처님은 괴로움을 소멸하는 길이 고귀한 견해의 실천이라 하시며 서로 다른 견해의 일치를 위해 노력하라고 이르셨다. 이 말씀처럼 부모도 자녀와의 의견 차이를 말하며 자녀의 말을 부정하기 전에 일단 수용해보라. 예컨대 "네 말을 들으니 수긍이 간다. 네 의견을 정확히 말해주어 고맙구나"라며 아이 말을 비난하지 않고 경청하며 그 다름을 인정해주는 부모는 지금 자녀에게 서로 다른 견해를 어떤 방식으로 일치해 가는지를 보여주고 있다. 이것이 사실을 있는 그대로 보는 법이다.

3

아이의 행동과
부모의 대응

잘못된 행동은 바른 행동의 반대어이다. 아이들에게 흔히 나타나는 관심 끌기, 힘 과시하기, 앙갚음, 무능함 보이기와 같은 행동을 잘못된 행동이라 말한다. 아이들에게 많이 나타나는 행동이라고 해서 그것을 옳은 행동이라 합리화할 수는 없다.

만일 부모가 아이의 잘못된 행동을 수수방관한다면 아이는 자신의 행동이 잘못인 줄도 모르고 죄책감 없이 남을 괴롭히고 피해를 주는 사람으로 성장하게 된다. 따라서 부모는 잘못된 행동을 일삼는 아이를 어리다는 핑계로 적당히 눈감아주거나 과잉반응으로 자극하는 것은 옳지 않으며 아이의 행동 변화를 위해 지도해야 한다.

우리 주변에는 반사회적인 문제 행동으로 가정과 사회에 해를 끼치고 공포를 주는 사람들을 종종 보게 된다. 그 원인도 알고 보면 어린 시기에 부모와의 관계 속에서 발생한 잘못된 행동을 고치지 않고 그대로 방관하여 버릇으로 굳어지고 점점 더 중독되었기 때문이다.

3장에서는 자녀가 잘못된 행동을 보일 때, 왜 그런 행동을 할 수밖에 없었는지를 살펴보고 그동안 부모가 습관적으로 대응해온 방법들을 성찰할 수 있는 계기를 마련하고자 한다. 아울러 자녀의 바른 행동을 위한 부모의 올바른 접근 방식을 부처님의 말씀에서 찾아본다.

관심 끌기

어느 햇살 좋은 오후 엄마와 함께 놀이터에 나온 다섯 살 수아가 그네에서 새로 배운 묘기를 부리며 자랑스럽게 소리친다.

"엄마, 어때요? 나 잘하지요?"

벤치에 앉아 책을 읽던 엄마는 고개를 들고 수아가 무릎을 구부렸다 힘껏 밀어 올리며 타는 새로운 동작을 보면서 "와! 혼자서도 잘하는 구나. 멋진 동작인데?"라며 관심을 나타내자 수아는 만족스런 미소를 지으며 즐겁게 놀이 기술을 연습하였다. 이처럼 어린 수아가 엄마의 관심을 끌고 싶어 하는 것은 지극히 자연스럽고 낭연하다.

이것이 관심의 긍정적 효과다. 만일 이때 엄마가 계속 책을 읽느라 관심을 보이지 않았다면 아이는 엄마의 관심을 유도하기 위해 좀 더 과격하거나 위험한 관심끌기 행동을 취했을 수도 있다.

모든 아이는 부모의 관심이라는 정신적 양분을 먹고 자란다. 부모의 관심 속에 자라는 아이는 생기가 넘치며 자신감이 있어 구태여 잘못된 행동을 추구할 필요가 없다. 반면 부모의 관심을 받지 못한 아이는 위축이 되고 극도로 낙담한다. 낙담한 아이는 잘못된 행동을 해서라도 관심을 추구하며 자신이 낙담한 만큼 부모를 일부러 자극하는 행동도 서슴지 않는다. 부모가 반응을 보이면 아이의 잘못된 행동은 일시적으로 사라지는 효과가 있지만 일단 아이가 원하는 대로 관심을 끌었기 때문에 얼마 지나지 않아 또 다른 관심을 끌기 위해 더 심하고 과격한 행동을 하게 된다. 이처럼 아이는 바른 행동으로는 부모의 반응이 없다는 것을 알고 이젠 잘못된 행동을 해서라도 부모의 관심을 유도하는 방법을 학습한 것이다. 하지만 그 행동들이 부모에게는 귀찮고 짜증나는 말썽으로 생각될 수 있다.

예를 들어 걸핏하면 토라지는 아이는 부모를 짜증나게 한다. 결국 귀찮아진 부모는 컴퓨터 게임 시간을 늘여준다거나 용돈을 주는 등 부당한 약속으로 달래려 든다. 하지만 이 방법은 문제해결이 아니라 더 큰 문제를 야기하게 되어 서로를 힘들게 만든다. 누군가의 관심을 끌려는 행동은 어린아이에게만 해당되는 걸까? 아니다. 아이들과 마찬가지로 어른들도 좋아하거나 존경하는 사람으로부터 관심받기를 절실히 원하곤 한다.

부처님에게도 수많은 제자들 중 그 나름의 관심받기를 원하는 제자도 있었을 텐데 과연 어떤 방법으로 해결하셨을까? 그중에서도 부처님의 아들인 라훌라에 관련한 내용을 《중아함경》〈나운경〉에서 살펴본다.

"부처님은 아들 라훌라가 한때 거짓말과 장난으로 비구승들의 수행을 방해하는 것을 알고 라훌라를 불러 발 씻을 물을 떠오게 했다. 부처님은 발을 씻은 후 '라홀라야, 너는 이 물을 마실 수 있느냐'라고 묻는다. 라홀라가 물이 더럽혀져 마실 수 없다고 하자 그 물을 버리게 한 후 부처님은 다시 그 그릇에 밥을 담을 수 있느냐고 묻는다. 발을 씻은 물을 담았기에 그럴 수 없다는 라홀라에게 부처님은 말씀하셨다. '더럽고 오만한 마음을 담은 몸 역시 깨끗하지 않느니… 장난치고 웃고 거짓말을 하는 것도 이와 같으니라'."

이 내용을 보면, 라홀라는 발달상으로 아동기에 해당하는 시기다. 따라서 어린 라홀라가 부모의 관심과 돌봄을 필요로 하는 것은 지극히 당연한 일이라 하겠다. 아이들에게 나타나는 거짓말이나 장난은 알고 보면 부모의 관심을 받고자 하는 경우 흔히 나타나는 일종의 관심끌기 행동들이다.

이를테면 라홀라가 거짓말이나 장난으로 비구승들을 골려주는 행동은 표면상으로는 심심해서라고 말할 수 있지만 그 행동으로 인한 상대의 반응이 뒤따르기 마련이다. 즉 라홀라의 행동 이면에는 비구승들 나아가서는 아버지인 부처님의 관심을 간절히 바라는 마음이 담겨있다. 부처님은 라홀라의 이런 마음을 잘 파악하여 따뜻하고 자애로운 방법으로 눈높이 교육을 하신 것이다. 특히 아동기에 맞는 구체적인 예화나 실물을 직관하는 방법을 병행하여 자상하고도 명확하게 그리고 정감 어린 태도로 상호작용함으로서 인격적 교감이 이루어지고 이에 따라 스스로 깨우침이 일어나도록 지도한 '부처님식 교육'은 매우 논리정연하고 합리적이다.

　부처님식 교육은 오늘날 유아교육에서 널리 사용되는 아동중심교육과도 일맥상통하고 있어 2,600여년의 세월 차를 무색케 한다. 라훌라가 부처님과의 대화를 기점으로 열심히 정진하여 10대 제자 중 한분인 밀행제일의 아라한이 되었듯이 우리들도 자녀의 관심끌기 행동을 지혜롭게 대처하여 승화시켜야 하겠다.

힘 과시하기

엄마는 중학교 2학년인 대한이 방에서 벗어놓은 옷가지 사이로 젖은 수건이 뒤엉켜있는 것을 발견했다.

"수건은 방으로 가져오지 말고 화장실에 걸어두라고 말했지? 그렇게 말했는데도 넌 왜 그렇게 말을 안 듣니?"

엄마가 큰 소리로 야단을 치자 대한이도 지지 않고 바로 신경질적으로 대꾸했다.

"또 시작이네, 수건 좀 방으로 가져오면 큰일이라도 나요?"

대한이는 이런 엄마의 꾸중을 수년 채 듣고 있지만 꾸중을 들을 때뿐이다. 여전히 사용한 수건을 제 방으로 가지고 가서 아무데나 던져둔다. 어떤 때는 서너 개의 수건이 대한이 방에서 발견되기도 한다. 이런 아들을 볼 때마다 엄마는 장래를 위해서라도 나쁜 버릇은 반드시 고쳐주어야 한다고 마음을 굳게 먹지만 녹록치 않다. 대한이는 단지 귀찮고 성가신 일로 치부하여 그냥 넘겨버린 탓에 효과도 없는 무의미한 입씨름만 지속하고 있다. 이럴 때마다 엄마들은 "자식 키우기 참 힘들다"고 푸념한다. 무엇이 이토록 부모들의 마음을 힘들고 괴롭게 만들까? 곰곰이 생각해 보면 그 답은 바로 부모 자신에게 있음을 알게 될 것이다. 부모는 지금 자녀와 서로 지지 않으려고 있는 힘을 다하여 '힘 과시하기'를 하고 있다.

힘 과시하기는 말 그대로 부모와 자녀가 서로 상대방을 복종시키기 위해 은근히 힘을 겨루고 있는 것을 말한다. 그렇다면 왜 이들은 힘 과시하기와 같은 잘못된 행동을 하는 걸까?

한마디로 '자신의 위치를 세우려는 데' 있다.

힘 과시하기 사용은 부모보다는 자녀에게 더 심각하게 나타날 수 있다. 그것은 자녀가 부모의 관심을 받지 못해 좌절하였거나 가정에서 자신의 위치가 불안정하다고 느낄 때 힘을 과시해서라도 자신의 존재를 알리고 싶은 자아의식의 한 방편으로 사용하기 때문이다. 힘 과시하기를 추구하는 아이의 마음은 어떨까?

'나를 좀 알아주세요.'

'나는 엄마의 잔소리가 아닌 내 스스로 할 수 있다는 힘을 키우고 싶어요.'

이런 무언의 슬픈 메시지를 부모에게 전하고 있는 셈이다. 따라서 이런 아이의 마음이 충족되지 않는다면 그 행동은 고쳐지지 않고 언제든 다시 재현될 수 있기 때문에 대한이네 가정처럼 엄마의 잔소리로는 해결할 수 없었던 것이다.

어떤 부모는 자녀의 힘 과시하기가 사실은 슬픔이 내재되어 있음을 선뜻 이해하기 어려울 수 있다. 그러나 내면의 슬픔이 관심 추구와 강하게 결합하면 반항으로 표출될 수 있다. 부모는 이런 자녀의 마음을 먼저 파악할 수 있어야 비난이 아닌 자애와 연민이라는 해결 방법이 나온다. 이와 관련하여 부처님께서는 중생들을 위한 어떤 가르침을 주셨을까?

부처님이 사위국의 기원정사에 계실 때에 제자들에게 지켜야 할 덕목으로 네 가지 마음가짐인 사무량심四無量心을 자주 언급하셨다. 사무량심은 자심慈心, 비심悲心, 희심喜心, 사심捨心의 네 가지로 부처님의 제자들이 모인 승가를 원만하고도 화합하는 공동체로 이끌어가는 데 지녀야 할 마음가짐이라 보았기 때문이다.

그뿐이겠는가. 사무량심은 재가자의 가정 화목을 위해서도 매우 유익한 덕목이다. 예컨대 부모가 무량한 네 가지 마음가짐을 적절히 사용할 수만 있다면 어떤 자녀가 부모 마음을 얻기 위해 구태여 소모적인 힘 과시하기를 사용하겠는가. 그런 점에서 사무량심은 자녀의 마음을 충분히 이해하고 인정하는 데 필요한 최상의 마음 씀이라 본다. 만일 자녀가 부모의 마음을 얻기 위해 힘을 과시하기라도 한다면 비무량심悲無量心으로 자녀의 마음을 위로할 수 있다.

《대반열반경》을 보면 부처님은 다음과 같이 이른다.

"가섭아, 비悲를 닦으면 성내는 마음을 끊고 모든 중생에게 이로움과 즐거움을 주느니라. 이것이 큰 비애심이니라."

비의 마음이란 곧 연민이다. 남의 고통을 덜어주고 고통이 없는 곳으로 인도하려는 선한 마음이 연민이다. 연민을 지닌 마음엔 성냄이 존재할 수 없다. 그래서 상대가 편안하고 즐거움을 느낀다는 부처님의 말씀에 따른다면 부모 자녀 간에 서로를 힘들게 하는 힘 과시하기는 어리석고 무의미한 것이 아니겠는가.

"대한아! 엄마가 수건 때문에 네 맘을 아프게 한 것은 정말 미안해. 엄마도 때론 어리석은 고집을 부린단다. 하지만 엄만 너를 믿으며 네 존재만으로도 충분히 행복해."

엄마의 용기 있는 비무량심을 표현해보자.

앙갚음과 인과

"상수가 어렸을 때부터 왠지 아이 행동이 거슬리곤 해서 야단을 많이 했어요. 그런데 언제부터인지 아들과의 관계가 서로 겉도는 느낌이 들면서 이젠 감당이 잘 안 돼요. 어쩌다 대화라도 좀 하려고 다가가면 아예 대꾸도 안 하고 매섭게 노려보는데 그땐 그만 화가 확 올라와요.

며칠 전에도 상수가 학교에서 또 싸움을 했다는 연락을 받고 학교 선생님께 불려가 싫은 소릴 듣고 나니 자존심이 많이 상하더군요. 그래서 아들을 심하게 때렸는데 더욱 관계만 나빠진 것 같고 하여튼 제 마음도 괴로웠어요. 상수도 이제는 바뀔만 한데 왜 조금도 변하지 않는지 모르겠어요."

상수 아빠는 상담에서 현재 자신의 괴로움이 아들의 잘못된 행동 탓이라며 다소 원망 섞인 심정을 하소연했다. 상담에서 나타난 바로는 지금 고교 2년인 상수와 아빠는 서로에 대한 불신과 미움이 심각할 정도로 팽배해있음을 알 수가 있다. 아빠에게 체벌을 받으면 상수의 말썽이 좀 잠잠한 것 같다가 다시 학교에서 싸움이나 말썽을 부려 아빠를 곤혹스럽게 만드는 일이 반복되고 있었다. 이러한 상수의 행동을 심리학적으로 '앙갚음'이라 한다.

왜 상수는 이런 앙갚음을 부모에게 하게 되었을까? 일반적으로 앙갚음이라고 하면 굉장한 사건이라도 되는 줄 알지만 알고 보면 부모 자녀 간에도 발생 빈도가 높은 행동으로써 대부분은 서로 '힘 과시하기'가 실패했을 때 일어나는 경우가 많다.

자녀는 힘겨루기에서 부모를 이길 수 없음을 잘 알고 있기 때문에 자신의 억울함을 보상받기 위해 어떤 식으로든 행동을 취하게 된다. 이것이 앙갚음의 형태로 드러난다.

앙갚음을 행하는 상수의 마음 바탕에는 자신이 부모에게 관심이나 사랑을 받지 못하며 부모로부터 공평한 대우를 받지 못한다는 불신이 깊게 깔려있다. 그래서 다른 사람을 학대하거나 상처를 주어야만 가정이나 학교에서 자신의 위치가 그나마 확보된다는 착각을 하고 있는 것이다.

그러나 앙갚음을 추구하는 자녀가 부모에게 상처를 입힌 후 편한 마음인 것만은 아니다. 상수처럼 부모가 학교에 불려와 창피를 당하는 모습을 보면서 마음이 좀 풀리는 것이 바로 앙갚음을 추구하는 이유이지만 그것도 잠시일 뿐 곧 두려워진다.

이번에는 부모가 마음의 상처를 입고 자녀에게 보복하고 싶어지며 결과적으로는 상호 '보복전의 윤회'를 거듭하게 된다. 남는 것은 분노와 억울함이고 상처만 더 깊어지게 되는 꼴이다.

아빠와 상수는 지금 서로에게 상처만을 주는 어리석고 무의미한 싸움을 계속함으로써 불신에 기초한 '인과의 고리'를 벗어나지 못하고 중생놀음에 삶을 낭비하고 있다.

불교는 인과법에 뿌리를 두는 종교이다. 부처님의 중생 제도에는 인과의 진리 말씀이 가득하다.

"어느 날 부처님은 꼬살라국의 파세나디왕에게 말씀하셨다. 대왕이시여, 자비로운 마음으로 백성들을 외아들처럼 보살펴야 합니다. (중략) 맛 좋은 열매를 따려면 반드시 좋은 나무를 심어야 합니다. 심지 않으면 열매를 딸 수 없습니다. 선행을 닦지 않으면 훗날 즐거움을 기대할 수 없으니 스스로 반성하고 악행을 삼가십시오. 자기가 지은 것은 반드시 자기가 거두어야 하며 과보는 세상 어딜 가도 피할 수 없다는 것을 명심하셔야 합니다."

《앙굿따라니까야》에서도 선인선과善因善果 악인악과惡因惡果의 말씀을 하신다.

"선한 인연을 지으면 선한 결과가 오고 나쁜 인연을 지으면 나쁜 결과가 따른다."

부처님은 이러한 세상 이치 즉 자연의 순리를 왕에게 깨우쳐 주었다. 왕이 백성을 외아들처럼 돌보고 보살핀다면 그 나라는 참으로 살기 좋고 평화로울진데, 하물며 가정은 두말할 나위도 없다. 그런 점에서 보아 인과를 알고 다스려야 좋은 왕이 될 수 있다는 부처님의 말씀은 곧 한 가정을 책임지는 부모를 향한 일침이기도 하다. 자녀의 미래는 부모 양육 태도에 달려있다고 해도 과언은 아니다. 가정에서 일어나는 대부분의 문제를 살펴보면 사실 부모의 잘못일 때가 많다.

상수아빠도 평소에 아이를 좀 더 따뜻하게 감싸주고 잘못된 행동은 그 원인을 파악하여 자비롭고 현명하게 대처해 나갔다면 문제가 이처럼 확대되지는 않았을 것이다. 이제라도 그동안의 잘못된 부모역할 부재를 회복시키기 위해 노력하면 관계는 당연히 개선이 된다. 시간이 좀 걸리더라도 진심이 담긴 정성과 무량한 인내를 보여주길 바란다.

무능함 보이기

고3이 된 철희는 중간고사를 마친 후 담임 교사와 면담을 했다.

"장래 희망은 뭐지?"

"그런 거 없어요."

"그래도 뭐 평소에 생각하던 꿈은 있을 거 아냐?"

"글쎄요, 딱히 없어요."

철희의 말에 선생님은 조금 당황스러웠지만 "이제부터라도 뭘 하고 싶은지 한번 진지하게 생각해보자"라며 다음 면담을 약속하고 끝마쳤다.

청소년기는 세상에서 자기가 가장 잘났다는 착각을 하며 인생에 대한 희망으로 활력이 넘치는 시기라서 하고 싶은 것도 많은 만큼 꿈도 많다. 따라서 이 시기의 아이가 꿈이 없다는 것은 삶에 대한 기대를 하지 않는다는 뜻이며 미래를 향한 도전의 필요성도 못 느껴 자칫 인생을 허망하고 무의미하다고 속단할 수 있다.

심리학자인 드라이커스R. Dreikurs는 철희와 같은 행동을 보이는 아이를 일컬어 '무능함 보이기'라 이름 하였다. 아이의 무능함은 우선 부모와의 갈등관계에서 비롯되는 경우가 많다. 기질이 강한 아이들의 경우는 처음엔 부모에게 반항도 하고 복수도 해보지만 그때마다 부모를 이길 수 없다고 느끼면 그만 포기하고 굴복하여 무력감에 빠진다. 반면 기질이 약한 아이는 반항도 못하고 매사를 쉽게 포기하고 굴복해버리며 자신의 생각을 말로 표현하기보다 행동으로 '난 할 수 없어요'라고 보여주곤 한다.

무능력한 아이는 왜 이렇게 자신의 생각을 말이 아닌 행동으로 그것도 매우 무력한 모습으로 보여주는 것일까? 대부분 이런 아이들은 자라면서 부모의 도움이 절실히 필요한 위협적인 상황에서 부모의 따뜻한 사랑과 격려 대신 무섭고 강한 태도에 마음의 상처를 크게 받아 극도로 위축되어 있다. 그래서 무슨 일이든 선뜻 나서지 못하고 실수할까봐 무척 걱정한 나머지 미리 포기해버린다. 부모는 일단 자녀가 무능력하다고 느끼면 자녀에 걸었던 희망이나 기대를 포기하고 싶어진다.

"그래, 네가 그렇게 하기 싫다면 어쩔 수 없지, 그만 두는 수밖에."
부모가 이처럼 포기할 때 무력감을 보이는 아이는 이 말을 듣는 것이 오히려 바라는 목표일 수 있다.

부모를 포함해서 남들이 자신에 대한 기대를 접고 혼자 내버려두게 만드는 것이 편하다고 생각한다. 그러나 어떠한 경우에도 부모가 자녀를 포기해서는 안 된다. 부모란 자녀가 한 인간으로서 건강하고 바르게 성장하여 제 역할을 다하는 행복하고 능력 있는 사회인이 되도록 돕는 임무와 책임이 있다. 이런 재가자를 위해 부처님은 어떤 말씀을 하셨을까?

《장아함경》을 보면 부처님은 자녀를 위해 부모가 해야 할 역할을 다섯 가지로 설명하셨다.

"첫째, 악한 일을 하지 않도록 지켜준다. 둘째, 선한 일을 하도록 일러준다. 셋째, 기술을 가르쳐준다. 넷째, 어울리는 짝을 찾아준다. 다섯째, 적당한 때에 유산을 물려준다."

여기서 첫째와 두 번째의 내용은 자녀의 바른 삶을 위한 인성교육이며, 세 번째는 자녀의 장래 직업을 위한 훈련이고, 네 번째는 더불어 살아가는 관계 형성 다지기, 다섯째는 집안의 가업을 계승한다는 의미가 담겨있다.

이 말씀에서 우리는 자녀의 바른 인성교육을 가장 중시한 부처님의 메시지를 읽을 수 있어야 한다. 바른 인성이 함양된 이후에 비로소 직업교육이나 가업의 승계를 이어가도록 함으로써 가정의 질서를 유지시키고 가업의 든든한 계승자로 인정한다는 목표의식과 꿈을 심어주고 있음을 본다.

부처님 당시뿐만 아니라 오늘날에도 바른 인성은 가정이나 가업계승을 건전하고 튼튼하게 이끄는 데 가장 선행되어야 할 기본 조건임을 부인하지 못한다. 그런 점에서 자녀를 부모의 승계자로 인정하는 것은 그만큼 인격을 인정받았다는 의미로도 설명되니 자녀에게 이보다 더 큰 꿈과 희망을 심어주는 것이 또 있을까? 부처님 말씀에서 부모가 새겨들어야 할 지혜를 본다.

반항 – 청개구리의 양심

매사에 빗나거나 엇박자 짓을 하는 사람을 가리켜 청개구리라 한다. 우리에게 인식된 청개구리의 의미는 전래동화에서 비롯하였는데 그 내용을 간단히 살펴보자.

"엄마 개구리와 아들 개구리가 살고 있었는데 아들 개구리는 어쩌나 말을 안 듣는지 평생 엄마 말씀의 반대로만 살았다. 엄마는 죽음을 앞두고 한 가지 고민이 생겼다. 엄마가 죽은 뒤 아들에게 산에 묻어달라고 부탁하면 필경 그 반대인 개울가에 묻을 것 같아서다. 그래서 엄마는 아들을 불러 내가 죽거든 개울가에 묻어달라고 마지막 유언을 남긴다.

아들 청개구리는 엄마가 돌아가시자 크게 후회하며 마지막 유언을 잘 지켜 엄마를 개울가에 묻게 된다. 하지만 비가 내릴 때면 엄마 무덤이 비에 쓸려가기라도 할까봐 청개구리는 마음 졸이며 개굴개굴 울어 댄다."

이 동화가 주는 교훈은 부모에 대한 효심이다. 부모가 살아계실 때 마음을 편하게 해드려야지 돌아가신 뒤에 아무리 후회하고 눈물 흘린다고 무슨 소용이 있겠는가라는 메시지를 담고 있다. 비록 개구리를 비유하여 그려낸 동화이지만 우리 모두에 내재한 못된 심보와 양심이 늘 대립하고 갈등하는 인간 심리를 잘 묘사하고 있기 때문에 이 동화는 공감과 흥미를 돋운다.

여기서 청개구리 행동을 인간의 관점에서 이해한다면 어떨까? 말 안 듣는 청개구리는 사춘기라서 부모에게 그토록 반항하는 게 아닐까? 십대 청소년들을 보라. 거의 청개구리 수준이 아닌가! 부모뿐 아니라 어른의 말에 일단 반항부터 한다. 오죽하면 하던 짓도 방석 깔아주면 안 한다는 말이 있겠는가! 바로 청개구리 심보를 가지고 있기에 십대를 반항기라고도 한다.

그런데 부모들은 어떤가? 하기 싫어하는 자녀의 마음을 이해하기보다는 어떻게든 하도록 만들고 싶어 하니 자녀 역시 부모를 싫어하고 부모 말에 따르지 않는 청개구리가 되어간다. 그러나 희망은 있다. 청개구리는 비가 내리면 엄마 무덤이 걱정되어 눈물 짓는다는 내용이 암시하듯 엄마의 죽음을 통해 반항은 끝나고 양심의 소리를 듣게 된다. 철든 것이다.

인간은 누구나 '양심'이라는 선량한 마음이 있다. 양심은 영유아기에 부모로부터 보고 배워온 '가꾼 마음'이다.

부모나 어른으로부터 잘못을 잘못이라고 교육받지 않은 아이는 양심을 발달시키지 못해 그야말로 양심이 없는 사람이 될 수 있다. 예컨대 아이가 남의 물건을 주인 몰래 가져왔다면 부모는 그것이 잘못임을 반드시 알려주고 그 물건을 주인에게 되돌려주는 훈육이 필요하다. 그럼에도 만일 은근슬쩍 넘어간다면 아이는 그 일이 잘못임을 배우지 못한다. 양심은 자신이 저지른 행동이 잘못임을 깨닫고 후회하는 마음이다.

청개구리가 눈물을 흘릴 수 있는 것은 바로 양심이 살아있다는 증거다. 흔히 우리 애는 착하고 순했는데 친구를 잘못 사귀어 변했다고 말한다. 그러나 본래의 선한 심성도 부모의 잘못된 교육이나 몰이해로 얼마든지 청개구리 심보가 되어 삿된 길로 향할 수 있다. 따라서 지혜로운 부모라면 자녀의 행동에서 또래친구가 아닌 부모의 잘못된 교육이나 빗나간 사랑을 볼 수 있어야 한다.

《앙굿따라니까야》의 〈어리석은 자의 품〉을 보면, 부모가 왜 슬기로워야 하는지 그 이유를 알게 된다.

"수행승들이여, 어떠한 공포가 생겨나든지 모든 공포는 어리석은 자에게서 나오지 슬기로운 자에게서 나오지 않으며, 어떠한 위험이 생겨나든지 모든 위험은 어리석은 자에게서 나오지 슬기로운 자에게서 나오지 않으며, 어떠한 재난이 생겨나든지 모든 재난은 어리석은 자에게서 나오지 슬기로운 자에게서 나오지 않는다."

부처님 말씀처럼 모든 위험이나 재난의 시작은 어리석음에서 시작한다. 부모라면 청개구리 자식을 비난하고 한탄만 하는 소극적 태도보다는 보다 슬기롭게 대처하지 못했던 자신의 무능을 반성하고 참회하는 것이 우선이다. 우리가 자신의 어리석음을 통찰하고 인정한다는 것은 지혜가 있다는 의미이기도 하다.

인간의 무의식에는 선과 악이라는 두 가지 마음이 공존하지만 모방이나 교육을 통해 두 가지 중 어느 하나를 더 선호하여 사용한다. 이때 양심이 발달한 아이는 선을 지향하며 악을 멀리하려 노력할 것이다. 따라서 부모는 사춘기 자녀가 청개구리 심보에 깊이 물들지 않도록 비난보다는 이해하고, 불신보다는 믿음으로 자녀의 양심을 키우고 북돋우는 슬기로움을 발휘하여야 한다.

산만한 아이

어느 일요일 초등학생을 대상으로 1일 명상 코스가 열렸다. 참가한 아이들은 명상 규칙에 대한 설명을 듣고 이를 준수할 것을 약속한 뒤 명상에 들어갔다. 아주 모범적으로 잘 따라하는 아이들이 있는가 하면 유난히 힘들어 하는 아이도 있었다. 그 중에서도 유난히 몸을 움직이며 주변 친구를 방해하거나 아예 바닥에 비스듬히 드러눕는 남자아이가 눈에 띄었다.

안내자의 눈길을 의식한 아이는 잠시 그 행동을 멈추지만 곧바로 다시 산만해지곤 하였다. 그러니 이 아이는 물론 그 주변 아이들의 명상도 제대로 이루어질 수가 없어 보조교사의 도움을 받아야만 했다.

명상이 끝난 후 아이 엄마와 대화를 나누던 중 올해로 11세가 된 지성이가 병원에서 주의력결핍과잉행동장애ADHD 진단을 받은 사실을 알게 되었다. 명상을 하면 아이가 좀 차분해질까 싶어 담임선생님의 권유로 참가하였다고 했다.

ADHD라고 진단받은 아이들은 대개 3세 이전에 증상들을 보이기 시작하는데 주의력이 짧고 마치 몸에 모터가 달린 것처럼 부산스러우며 팔다리를 쉼 없이 움직이는 특징을 보인다. 그래서 부모들은 실망과 분노로 아이를 야단치며 체벌도 가하지만 그럴수록 아이의 증상은 더욱 심해진다. 현장의 교사들 말에 의하면 비록 ADHD는 아닐지라도 상당수 아이들의 행동이 지나치게 산만하고 통제하기도 어렵다는 점을 하소연하였다.

그렇다면 무슨 이유로 요즘 아이들의 행동이 점점 더 산만해지고 통제하기도 어려워지는 걸까? 아이들의 문제인가 아니면 어른의 지도 능력 부재일까? 물론 여러 가지 원인이 있겠지만 그중에서도 부모와 자녀를 중심으로 살펴보고자 한다.

정신분석학자 프로이트는 산만함의 이유를 '어려서 경험하는 부모와의 관계'에서 찾고 있다. 어려서부터 부모에게 자주 야단맞거나 매를 맞으며 자라는 아이들, 형제간에 비교를 당해 열등함을 느끼는 아이, 부모의 불공평한 태도에 내면에 화가 많이 쌓인 아이들은 마음이 편안하지 않고 늘 불안하다. 이런 불안이 무의식에 내재하고 있기 때문에 언제든 의식 밖으로 표출되어 차분하지 못하고 들뜬 상태, 산만한 행동이 된다는 것이다.

불안감이 심해지면 우선 불행을 느낀다. 자기 자신도 통제하기 어려워져 극도의 공포심이나 좌절감으로 괴로워하며 때론 폭력성을 보이기도 한다.

성인도 화가 나면 가슴이 뛰고 안절부절 못하고 자기조절이 안 되듯이 아이도 이런 상태가 된다. 이런 자녀를 둔 부모 입장이라면 어떻게 아이를 양육하고 지도해야할지 답답하고 난감할 수밖에 없다. 이럴 때 부처님은 우리에게 어떤 말씀으로 문제를 바라보고 해결하는 지혜를 주셨는지 경전을 참고해본다.

《잡아함경》의 〈조마경〉 편을 보면 어느 날 부처님이 라자그리하의 죽림정사에 계실 때 말 다루기 촌장이 찾아와 여쭙는다.

"부처님께서는 제자를 잘 다루신다는데 그 방법이 무엇인지요?"

"나는 세 가지 방법으로 다룹니다. 어떤 때는 부드럽게, 어떤 때는 엄격하게, 어떤 때는 엄격하면서도 부드럽게 다룹니다."

부처님이 가르쳐준 이 방법은 매우 쉽고 상식적인 것이어서 부모들도 이미 알고 있으며 실제로 자녀에게 사용하고 있는 경우도 많으리라 여겨진다. 그럼에도 불구하고 부처님과 부모들 간에 차이가 있다면 과연 무엇일까? 그것은 사사로운 감정이 개입되지 않으면서 평정심을 가지고 문제 상황에 따라 적절하게 사용할 수 있느냐이다. 이를테면 부모는 감정에 휘둘리지 않으면서 자녀의 심리적인 상태나 행동을 파악하여 이들 3가지를 각각 다르게 적용할 수 있는 지혜가 필요하다는 뜻이다.

아이가 어려서 받은 깊은 상처가 해결되지 않고 마음이 불안하여 산만함을 보인다면 부모는 부드럽고 따뜻한 사랑과 배려로 아이 마음을 편안하게 해주는 것이 좋다. 그러나 부모가 감정과 행동을 통제하는 법을 가르쳐주지 않아서 아이 행동이 산만하다면 부모는 엄격한 태도로 감정과 행동을 조절하는 법을 바르게 가르쳐주어야 한다. 또한 부모가 정서적으로 불안정한 상태라면 아이는 부모의 불안함을 고스란히 닮아 마음이 안정되지 못하고 들떠 있을 수 있다. 이럴 때는 무엇보다도 부모의 마음부터 편안하게 다스리는 것이 순서다. 이것이 선행되지 않으면 평정심을 잃게 되어 아무리 좋은 방법이라 해도 좋은 효과를 기대하긴 어렵다.

아이 스스로도 어쩌지 못하는 불안 증상이 부모의 잘못된 양육 방식이나 부모의 불안에서 전이된 것이라면 부모는 먼저 자신의 잘못을 진심으로 뉘우치고 참회해야 한다. 이처럼 어떤 문제를 해결하기 위해서는 그 문제를 일으킨 원인을 찾아 순서대로 교정해 가는 것이 비결이다. 또한 잘못을 시인하는 것 못지않게 중요한 점은 부모의 마음을 전달하는 것이다.

"아들아, 엄마 때문에 네가 힘들었지? 네 마음을 아프게 해 정말 미안해."

물론 부모의 위로 한마디로 그간 쌓인 문제가 단번에 해결되는 것은 아니다. 하지만 불안에 떠는 아이 마음을 안정시키고 감싸주는 데는 매우 효과적인 방법이다. 그리고 마음의 치유를 위해서는 반드시 부모의 행동 변화가 뒤따라야만 한다. 부모가 변해야 아이의 불안이 치유되며 아이 행동에 점진적인 변화가 일어날 수 있다. 이것이 비결이다. 바로 부처님이 깨달으신 연기緣起의 이치가 아니겠는가.

4

공부에 대한
다른 관점

아이들의 가장 큰 고민은 학업 문제다. 4장은 요즘 아이들이 겪는 학교 성적이나 진로 문제를 부모가 아이 입장이 되어 이해하고 도와주자는 취지이다. 공부에 대한 부모의 관점과 아이의 시각은 전혀 다르다. 그런데도 대부분의 부모들은 자신의 관점을 굽히지 않고 자녀가 자신의 의견을 따르도록 강요한다. 그 결과 요즘 아이들의 공부 스트레스는 전례가 없을 정도로 더 심각해지고 있다. 과연 부모는 누구를 위해 그토록 아이의 공부나 성적에 집착하는 걸까? 자녀를 위한다는 공부가 오히려 자녀를 불행으로 몰아간다 해도 여전히 자녀를 위해 그랬다고 말할 수 있는가? 자녀를 사랑하는 부모라면 자녀에게 진정으로 알리고 가르쳐야 할 지식은 무엇인지 숙고해보아야 한다.

미래를 예견하는 학자들은 미래사회를 4차 산업혁명시대로 규정하며 지금과는 다른 세상을 말한다. 이런 조짐을 우리는 첨단과학의 발달과 함께 사회 곳곳에서도 느낄 수 있다. 아이들이 살아갈 미래사회는 지금까지 정답을 가르치는 점수 위주의 공부법이나 지식을 가르치는 것과는 다른 차원의 능력을 키워주어야 한다. 그러므로 그간 학교 성적을 마치 성공의 도구인 양 여기던 고정관념에서 탈피해 아이들이 보다 행복하게 자율적으로 공부할 수 있는 분위기를 마련해주는 편이 더 효과적이다. 사회가 변하는 만큼 부모들도 새롭게 변해야 한다.

역사 바로 배우기

6월 한국전쟁을 추모하는 행사가 경주 황성공원 충혼탑 앞에서 '나라사랑 프로젝트'라는 주제로 열렸다. 호국보훈의 달, 나라를 위해 목숨을 바친 국군장병과 애국선열들의 충절을 추모하는 이 행사는 어린이들에게 역사 인식과 나라 사랑하는 마음을 되새겨 보는 좋은 기회라 본다. 때마침 날씨도 화창하여 부모와 함께 공원을 찾은 어린이들이 많았다.

행사장 곳곳에는 아이들이 관심을 가질 만한 여러 이벤트들이 마련되어 자원봉사자의 안내 속에 누구나 참여할 수 있었다.

김구, 유관순, 안중근, 윤봉길 등 애국선열들의 사진에 이름 카드를 연결하는 놀이가 있는가 하면, '우리 고장을 빛낸 호국영웅'들이라는 주제 아래 경주와 그 인근 지역에서 활약한 영웅들의 이름 석 자로 삼행시를 지어 사진 옆에 붙이는 이벤트도 있었다.

"신무기도 없는데, 돌처럼 단단한 의지로, 석굴처럼 우리를 지켜주어 감사합니다. 사랑합니다."

신돌석 장군(1878~1908)의 이름으로 삼행시를 지은 어느 어린이의 멋진 글도 눈에 띄었다. 신 장군은 18세 어린 나이에 일제에 대항하여 의병활동을 시작하였다니 오늘의 고등학생 나이가 아니던가. 내 자녀가 나라 위해 목숨을 건다면 우린 과연 수용할 수 있을까? 그 용기와 부모의 심정이 헤아려져 고개가 숙여졌다.

"이 분은 서른 살 젊은 나이에 전사하셨구나."

어느 장군 사진을 보며 말하는 내게 "유관순 누나는 열여덟 살에 돌아가셨어요"하며 더 이른 나이에 사망한 분도 계시다며 6학년이라는 소년이 말했다. 유관순 누나를 존경하느냐고 묻자 크게 "네!" 한다. 이것이 나라 사랑법 아닐까.

역사는 그 나라의 뿌리다. 나라에 대한 자랑스러운 역사 인식을 가질 때 우리는 세계 속에서도 당당해진다. 그 자부심을 어린 시절부터 심어주는 것이 교육이며 가정과 사회는 어린이의 순수함이 오염되지 않고 건강하게 길러져 바른 성년으로 자라나도록 인도할 책임이 있다.

요즈음엔 도시마다 도서관이 잘 꾸며져 있다. 부모와 자녀가 함께 가까운 도서관을 방문하여 역사적 인물이나 애국자의 업적을 찾아 읽고 이야기 나누는 시간을 가진다면 삶의 자세도 그만큼 더 진지해질 것이다. 독서란 이처럼 인간 이해나 세상에 대한 사고의 틀을 넓혀주는 힘이 있다. 특히 역사를 바로 아는 것은 자신에게 자부심이 생기고 정체성을 바로 세우는 데 매우 중요하다.

어떤 부모는 아기가 말을 배우기 시작하면 아기 방을 서재로 꾸미기 시작하는 성급함을 보인다. 동화전집이나 영어책으로 벽면을 가득 채운 방에서 "수아야! 이 방에 있는 동화책들은 모두 네가 읽어도 돼, 좋지? 그럼 책 앞에서 예쁘게 웃어봐. 찰칵!" 두 손가락으로 V자를 그리며 활짝 웃는 아이모습이 액자에 담겨져 책장을 장식한다. 아이가 이 책들을 읽으며 누구보다 영특하고 지혜롭게 자라기를 바라는 부모 마음은 희망에 가득하리라. 그러나 부모의 마음과는 달리 아이는 수많은 책에 심리적 압박감을 느낄 수 있다.

'아이고 이 많은 책을 언제 다 읽지?' 아이는 책 전체를 훑어보며 충분히 만족했기에 구태여 책을 꺼내어 한 쪽씩 읽는 수고를 하고 싶겠는가? 두뇌 회전이 빠른 젊은 부모 세대는 일을 많이 벌이고 단기적 이익 추구를 하기에 그만큼 잃는 것도 많다. 그러면서 역사적 교훈이나 진리는 답답해하며 배우기를 꺼려한다.

이런 부모들에게 전하는 부처님 말씀이 《숫타니파타》에 있다.

"사람들이 바르게 살고 최상의 진리에 도달하기 위해서는 어떠한 도덕을 지키고, 어떠한 행동을 하며 어떠한 행위를 부지런히 해야 할 것인가. 손위의 사람을 공경하고 시기하지 말며 스승을 만나 진리에 대한 이야기를 들을 기회를 얻어서 열심히 설법을 들으라."

부처님은 바르고 도덕적인 삶을 살기 위해서는 스승이나 손위 어른의 이야기에 즐겨 귀 기울이며 이를 행동으로 실천하라 했다. 우리 주변에는 남을 배려하고 양보하며 삶을 성실하게 살아가는 스승이 많이 있다. 요즘은 지역 사회마다 이런 분들을 초청해 경험담이나 귀감이 되는 좋은 말을 들을 기회도 많아졌다. 이런 기회를 많이 이용할수록 견문도 넓히며 인생에 지침이 될 많은 것을 배우고 느낄 수 있다. 또한 배움에 관한 부모의 적극적인 자세는 자녀에게 신뢰와 존경심을 갖게 하며 자녀의 가치관 정립에도 긍정적인 영향을 준다.

부처님 10대 제자 중 다문제일 아난존자는 일생동안 부처님을 가까이서 시봉하며 가장 많은 부처님의 말씀을 들었다. 그래서 경전을 편찬하는데도 주도적인 역할을 할 수 있었는데 경전의 첫 마디가 '이와 같이 나는 들었다(如是我聞)'로 시작되는 것도 이와 관련된다. 아난존자의 기억에서 나온 것이기 때문이다. 이처럼 좋은 말을 많이 듣는 것은 그 사람의 인격을 고양시키며 삶의 태도나 인생관까지 변화시킬 수 있다.

역사적 영웅들의 삶을 보라. 자기만의 이익보다는 공익을 위해 몸 바친 향기 가득한 삶이었다. 부모의 현명한 시각으로 진정 자녀를 위한 일이 무엇인지 역사에서 배우며 바른 역사 인식으로 부모와 자녀 모두 성숙한 삶을 찾아가길 바란다.

자녀의 자존감

초등학교 5학년생인 진아는 3학년 때부터 줄곧 아이들에게 괴롭힘을 당하고 있다. 반 아이들은 진아가 하는 말을 흉내 내며 비웃거나 지나는 길을 막으며 시비를 걸어온다. 진아와 눈이라도 마주치면 "그렇게 날 노려보면 어쩔 건데? 왜, 한 대 때리고 싶어?"라며 네다섯 명이 우르르 달려들어 손가락으로 진아 머리를 콕콕 찌른다.

이런 일이 2~3일에 한 번은 일어나므로 진아는 학교 생활이 두렵고 화도 나서 소리라도 크게 지르고 싶지만 그럴 용기마저 나지 않아 꾹 눌러 참는다. 오늘의 학교 현장은 진아와 같이 괴롭힘을 당하는 아이들이 한 반에 1~2명은 있다고 하는데 이들의 공통점은 자기주장을 잘 못하고 위축돼 있으며 자존감이 매우 낮다. 자존감이란 자아존중감의 줄임말로 자기 자신을 좋아하고 소중하게 여기는 마음 상태이다. 이를테면 자존감은 자기 자신에 대한 일종의 평가이다. 이러한 평가는 부모나 주위 사람들이 자신을 대하는 태도에 영향을 받는다.

아이들은 부모의 인정과 관심을 받기 위해 여러 행동을 취하는데 이때 부모가 자신을 좋아해주고 믿어주면 '아, 나는 괜찮은 아이로구나' '부모에게 나는 소중한 사람이구나'라는 긍정적인 믿음을 갖게 되지만 만일 자신을 싫어한다고 느끼면 아이는 낙담하고 위축되어 버린다.

《장아함경》에는 "부모가 해야 할 역할 가운데 하나가 부모의 자애로움이 자녀의 마음속 깊이 스며들게 해야 한다"라는 내용이 나온다. 이와 같이 부처님은 부모의 역할 중 하나로 자애로움을 강조하시며, 자녀가 마음으로 느끼고 공감할 만큼 진정성이 있어야 한다고 말씀했다.

자애란 아랫사람에게 어질고 인자한 사랑을 베푼다는 뜻이다. 부모가 자애로우면 자녀는 우선 마음이 편안해진다. 편안한 마음에서 행복도 자유로움도 자신이 소중하다는 인식도 갖게 된다. 그러므로 자애로움은 부모됨의 역할에서 매우 중요하고 가치로운 덕목임에 틀림없다.

그러나 진아와 같이 또래로부터 부당한 대우를 지속적으로 받다보면 자신에 대해 깊이 좌절하고 자존감이 극히 낮아진다. 게다가 부모의 따뜻한 이해나 도움마저 받지 못한 관심 밖의 외로운 처지라면 자존감만 낮아지는 게 아니라 모든 발달이 지연되고 왜곡되는 악영향을 받게 된다. 심지어는 무심코 던진 부모의 말 한마디가 자녀에겐 돌이킬 수 없는 상처가 되어 평생을 두고 괴롭힐 수도 있다.

초등학교 6학년생인 아영이 엄마는 오래간만에 방문한 삼촌이 아영이의 의젓함을 칭찬하자 "예전에 비하면 지금은 딴 사람 됐어요. 어렸을 때는 어떻게나 고집이 센지 글쎄 반나절을 운 적도 있다니까요. 그때 생각하면 어떻게 키웠나 싶어요"라며 옛날 이야기라도 들려주듯 말했다.

물론 엄마는 성숙해진 아영이의 모습이 대견하다는 의미로 표현한 것일 수 있으나 그 말을 듣는 아이 입장에선 수치심이 느껴지고 자존감에 큰 상처를 입게 된다. 심리학적으로도 인간은 좋은 경험보다 불쾌했던 경험을 더 오래 간직하고 기억하며 괴로움을 겪는다고 하니 이것이 문제이다.

예전에 비해 요즘은 초등학교 고학년만 되면 사춘기에 접어들 만큼 발달이 빨라졌다. 남아에 비해 여아가 좀 더 조숙하고 정서적으로도 민감하며 감정적인 기복이 크고 남의 시선이나 평가에도 예민하게 반응한다. 그런 만큼 이 시기에 마음의 상처를 입거나 부당한 대우를 받으면 감정 조절이 잘 안 되고 이해심도 부족하여 극단적인 선택을 할 수도 있기에 부모의 사랑과 돌봄이 반드시 필요하다.

출생에서 성장하기까지 어떤 연령층도 부모의 돌봄과 이해가 필요하지 않은 시기는 없지만 특히 사춘기에 접어든 여자아이들에게는 부모의 따뜻한 관심과 사려 깊은 이해심으로 민감한 시기를 잘 극복해가도록 도와야 할 것이다.

아이들이 원하는 재미

중학교 1학년인 민기는 학교에서 돌아오자 짜증난 듯 말한다.

"수학 선생님 때문에 공부할 맛이 안 나요."

그러자 엄마가 묻는다.

"선생님과 무슨 일이 있었니?"

"그게 아니라 수업이 재미없어서 지루해요."

이런 일이 어디 민기만의 일이겠는가. 유치원생에서 대학생에 이르기까지 재미있는 수업, 재미있는 선생님을 원한다.

아이들이 원하는 재미있는 수업이란 공부 이외에 다른 재미있는 예를 많이 들어 코미디 버금가는 설명으로 지루하지 않게 해 달라는 주문이다.

아이들은 공부란 딱딱하고 재미가 없다는 편견을 가지고 있다. 이 재미없는 공부를 어떻게 재미있게 가르칠 것인지는 모든 교사들이 고심하는 화두이다. 오죽하면 광대 복장으로 분장하여 어려운 수학을 우스꽝스러운 몸짓으로 가르치거나 온몸에 물감칠을 한 변장으로 수업하는 교사가 화제인물로 떠오르겠는가. 모두가 학생들의 지루함을 달래주고 수업에 집중시키려는 교사들의 독창적인 아이디어 결과물이다. 그러나 인간의 개성이 다양한 만큼 교사들에게 이러한 수업을 똑같이 원하는 것은 무리이다.

부모는 민기에게 어떤 점에서 선생님의 수업이 재미없는지 대화를 통해 이해할 필요가 있다. "그냥 참아야지 어쩌겠니?"라는 말로 적당히 넘기는 것은 아이에게 교사가 잘못했다고 인정하라는 것이 된다. 그보다는 빡빡한 수업 내용 때문인지, 음성의 톤이 단조로워서인지 등의 이유를 찾고 장단점을 이야기해보는 시간이 필요하다.

교사의 외적인 특성보다는 인간됨이나 성실한 수업 태도를 더 소중하게 여기는 안목을 아이에게 가르치는 부모의 지혜로운 대응법도 중요하다. 아울러 공부를 하는 목적이 지금 당장은 크게 소용 가치를 느끼지 못한다 해도 장차 삶을 살아가면서 수없이 부딪치는 문제들을 해결하는 해결능력, 자신감, 논리적인 사고력 등을 키워주기 위함임을 깨우쳐주어야 할 것이다. 그것이 아이의 계속되는 학교 생활을 위해 더 도움이 된다.

재미란 일종의 자극 추구이다. 감각기관에 어떤 자극이 가해지면 재미가 일어난다. 반면 감각기관에 아무런 자극이 없으면 심심해진다. 예를 들어 눈(眼)의 재미는 아름답고 멋진 볼거리(色)에서 오고, 귀(耳)의 재미는 즐겁고 기분 좋은 소리(聲)에 있듯이 감각기관에 느껴지는 쾌(快)의 감정들이 재미다. 반면 감각기관에 자극이 부족하면 심심하고 재미가 없어진다.

그런데 문제는 인간의 감각적인 쾌락은 충족이 되는 순간 또 다른 감각적인 자극을 원하게 된다. 마치 고장 난 브레이크로 고속도로를 달리는 자동차처럼 멈출 줄 모른다. 더 큰 자극과 쾌락을 찾아서 끝없이 질주한다는 점을 부처님은 허상이라는 비유를 들어 깨우치고 있다.

《맛지마니까야》〈사자후〉 편을 보면, 부처님은 제자들에게 이렇게 이른다.

"감각적 쾌락은 누구에게나 일어난다. 그러나 감각적 쾌락이 일어나면 그것을 버리고 제거하고 소멸하라. 감각적 쾌락은 자신을 해치고 남을 해치며 지혜를 억누르고 곤혹을 일으키며 열반을 멀리하게 한다. (중략) 수행승들이여, 감각적 쾌락이 일어나면 그것이 자신을 해치고 남을 해친다는 것을 성찰하라. 그러면 감각적 쾌락은 내게서 사라지게 된다."

부처님은 인간의 감각적 쾌락이 보편적인 현상이지만 그 해악이 더 크므로 제거해야 한다고 말씀하시며 소멸하는 방법도 동시에 가르쳐주고 있다. 아이들의 삶이란 즐겁고 재미가 있어야 생기가 돈다. 그러나 재미가 과도하면 자신을 파멸의 길로 이끌 수도 있으므로 부모는 자녀의 감각적인 재미를 적당한 정도에서 조절할 수 있는 힘을 키워가도록 도와주어야 한다.

따라하기 학습

"이번 시험에 성적만 오르면 네가 원하는 스마트폰 사주지!" 부모들이 흔히 하는 약속이다. 이런 약속에 아이는 열심히 공부하여 원하는 것을 얻으려 하겠지만 과연 공부에 재미는 느끼며 할까? 물론 원하는 것을 얻기 위해 주어지는 당근을 마다할 어린이는 거의 없다. 자녀의 성공만을 학수고대하는 부모도 이런 방법이라도 이용하여 공부 의욕을 불러일으킨다면 서로 손해될 건 없어 보인다. 심지어는 자녀의 성적을 올리기 위해 단기간 속성학습이나 족집게 과외도 서슴지 않는 부모도 있다. 하지만 자녀를 위한다는 이런 행동이 결국엔 요행을 가르치며 필요한 절차를 무시해도 좋다는 편법을 주입하고 있다는 사실을 알아야 한다.

모든 일엔 순서와 절차가 있기 마련이다. 절차를 생략한다면 빠른 순간에 성과가 오를 수는 있지만 깊이 있는 실력은 향상되지 않는다. 어려서부터 빠른 성과만을 위해 차근차근 배우고 익히는 절차를 무시하고 스스로 노력하는 과정을 빼먹으면 적당주의 또는 요행주의 가치관이 형성될 수 있으며 후일 사회적 문제를 일으키는 원인으로 작용할 수 있다.

아파트 붕괴나 세월호 침몰 등 우리 주변에서 일어나는 크고 작은 사건은 모두 필요한 절차를 무시하고 성과를 중시한 적당주의가 낳은 산물임을 여실히 증명해주지 않았던가. 예를 들어 태권도를 배우려면 초보자가 반드시 익혀야 할 기본 수칙이나 절차가 있다. 사범은 이러한 절차를 시범으로 보이며 초보자로 하여금 동작들을 따라하도록 지도하면서 단계적으로 동작이나 기술을 확대해 나간다. 독특한 기법 개발은 그 다음이다. 만일 이런 절차를 무시하고 시합에 이기기 위한 요령만 습득한다면 그의 실력은 기본이 결여된 편법이어서 곧 바닥을 드러낼 것이다.

어린아이가 처음 배우는 행동도 이처럼 절차를 그대로 따라 흉내내게 하여 배우는 것이 가장 좋다. 그래야만 기초가 튼튼해져 새로운 것에 봉착해도 두렵지 않게 된다. 아이들은 타고난 모방의 천재들이다. 두 살 정도 되면 누가 시키지 않아도 다른 사람의 말이나 행동을 관찰하고 그대로 흉내내며 따라한다. 말을 배우려는 아이는 부모에게 "안 돼, 하지 마" 같은 단어를 수없이 반복하여 들으며 놀이 삼아 즐겁게 학습한다. 이것이 공부다.

타인의 말이나 행동을 보고 그대로 따라하는 것이 공부의 시작이다. 이것을 스스로 만족할 때까지 즐겁게 반복하는 자율적인 동기가 일어나야 한다. 그런데 부모는 더 많은 효과를 얻으려는 욕심에서 물질적 미끼로 자녀를 유혹하여 아이의 순수한 마음이나 자율성은 외면하고 수동적, 적당주의로 길들여가기 때문에 결국에는 흥미마저 잃게 만든다.

우리에게 항상 정도正道의 삶을 살아가도록 일깨우신 부처님은 인간의 이러한 적당주의 사고에 일침을 가하는 말씀을 《앙굿따라니까야》〈밧지인의 일곱 원리에 대한 품〉에서 설하셨다. 그 내용을 보면 부처님은 밧지국이 번영하는 이유로 다음의 일곱 가지 불퇴전의 원리를 수용하여 잘 지켰기 때문이라 했다.

첫째, 서로 자주 모이고 만난다. 둘째, 화합하여 모이고, 화합하여 일을 한다. 셋째, 국가의 법을 잘 지키며 따르고 공인되지 않은 것은 시설하지 않는다. 넷째, 어떤 노인이라도 공경하고 존중하며 공양하고 그들의 말을 귀 기울여 듣는다. 다섯째, 여자들을 강제로 끌어내서 폭력으로 제압하지 않는다. 여섯째, 탑묘를 공경하고 존중하며 공양한다. 일곱째, 거룩한 님을 보호하고 수호하며 거룩한 님이 밧지국에 오셔서 평온하기를 바란다.

이상의 내용에서 보듯 밧지인에게 일곱 가지 원리란 밧지국의 법이며 일상적 생활방식으로 인식, 수용되었다. 이로써 밧지인들은 서로 존중하고 배려하며 예절 바른 행동을 생활화하여 정의와 도덕이 살아있는 성숙한 시민의식을 형성해 갔다. 또한 서로 화합하니 자연스럽게 국민적 유대감을 굳건히 유지할 수 있었고 번영을 이루어 나갔다고 본다.

부처님은 밧지인의 사례를 들어 개인이나 국가가 생명을 존중하고 화합하며 바른 길로 나아갈 때 퇴전이란 없고 번영만이 있다는 사실을 깨우쳐주신 것이며, 수행 집단에도 일곱 가지 내용들을 담은 각각의 학습 계율을 신설하였다.

《앙굿따라니까야》〈수행승의 불퇴전에 대한 경〉에 기록된 부처님의 말씀 중 관련된 부분을 추려보면 다음과 같다.

"수행승들이여, 수행승들이 서로 자주 모이고 화합하여 모이며 세속적인 기쁨을 찾지 않고 악한 자를 벗하지 않으며… 믿음을 지니고 열심히 정진하는 한 번영만이 기대되지 퇴전은 기대되지 않는다. (중략) 수행승들이 규정되지 않은 것은 신설하지 않고 규정된 것은 어기지 않고 예전에 규정된 학습계율을 수용하여 따르는 한, 수행승들이여, 수행승들에게는 번영만이 기대되지 퇴전은 기대되지 않는다."

어떠한 경우에도 규정된 사항을 지키며 따르는 것은 순리이며 일의 성과를 위해서도 타당한 일이기 때문에 부처님은 제자들이 탐할 수도 있는 잘못된 요행을 미리 방지하여 안전한 가운데 바른 수행생활을 할 수 있도록 학습 계율을 정해 보호하신 것이다.

현대를 살아가는 우리는 어떤가? 서로 화합하며, 부모는 잘 모시는지, 여자가 살아가는 데 주변 환경은 안전한지, 또는 정도를 벗어난 생활로 내 이익을 위해 남을 짓밟고 해치는 것을 능력으로 미화시키는 사회분위기에 편승하는 것은 아닌지 등등 되돌아볼 일이다.

부처님 당시 밧지인들의 성숙한 시민의식과 생활 태도가 신선하면서도 아득히 멀게만 느껴지는 것은 우리네 삶이 탁류에 너무 짙게 오염된 탓일까?

밧지인들의 아름다운 태도를 칭찬하시며, 세상에 알린 부처님의 혜안은 어리석어 고통받는 중생을 향한 깨우침이었다. 그리고 21세기를 살아가는 현대인들이 '어떤 의식을 가지고 살 것인가?'에 대해 길을 보여주신 것이다. 그리고 이 길은 지금의 부모 세대가 다음 시대를 이끌어갈 자녀에게 가르치고 심어주어야 할 '거룩한 삶의 태도들'이기도 하다.

신념

초등학교 시절 찹쌀떡을 가지고 와서 반 친구들에게 팔았던 아이가 있었다. 수업 후 잠깐 쉬는 시간을 이용해서 친구들은 찹쌀떡을 사먹기 위해 줄을 섰다. 한창 성장기의 아이들에게 맛있는 찹쌀떡을 사먹는 순간은 공부보다 즐거운 기다림이었기에 판매는 늘 호황이었으며 친구들의 주문에 따라 품목도 점점 늘고 다양해졌다.

그 아이는 부모님을 돕는다는 굳은 신념으로 이렇게 번 돈을 가정을 위해 그리고 필요한 학비에 보탰던 것 같다. 어린 시절의 굳은 신념은 상술을 익히는 데 일조한 것 같다. 수십 년이 흐른 지금 그 친구는 회사의 오너로 활약하며 노년을 보내고 있다.

오늘의 젊은 세대나 대부분의 아이들은 가난을 경험하지 않고 자라기 때문에 공감하기 어려운 이야기일 수 있다. 그러나 사람은 어떤 환경에서 어떤 신념을 가꾸며 살아가느냐에 따라 그의 행동이나 태도 그리고 미래는 달라진다.

심리학자 앨버트 엘리스Albert Ellis는 신념에 대해 '인간 행동을 움직이는 가장 큰 원동력'이라는 인식을 가졌으며 기본적인 신념은 아주 어린 시절에 형성된다고 했다. 어릴 적 가정에서 겪는 경험들을 어떻게 느끼며 수용하느냐에 따라 형제 간에도 각각 다른 신념을 형성하는데 일단 형성된 신념은 어른이 된 후에도 지속이 되며 감정, 태도, 행동 등에 영향을 주게 된다.

이러한 맥락에서 보면 무엇보다도 바른 신념이란 부모로부터 인연되어짐을 알게 된다. 특히 청소년기는 가치관 정립에 중요한 시기이므로 부모의 말과 행동은 그대로 자녀의 본보기가 된다는 점에서 부모의 역할 또한 하나의 도전이 아닐 수 없다.

예를 들어 부모가 음악이나 운동을 중요하게 여기면 자연히 그 활동을 즐기게 되므로 자녀에게도 음악이나 운동을 자주 보여 주고 가르치기도 한다. 그러면 아이는 운동이나 음악에 대한 좋은 생각을 하게 되고 음악은 삶에서 매우 중요하다는 신념을 갖게 된다. 또한 돈이 최고라고 생각하는 가정에서 자라는 아이는 돈이 인생의 목적이 되어 돈벌이에 인생을 걸 수 있다.

우리는 지금 내 자녀에게 어떤 신념을 길러주고 있는가?

'정직하게 살아야 복을 받는 거야' '착하면 바보 취급당하니까 강하게 보여야 해!' '세상은 일등만이 살아남는 거야, 경쟁에서 무조건 이겨야 해!'

많은 신념들 가운데 우리는 내 아이가 어떤 인품을 가진 사람으로 성장하기를 바라는가? 당신의 그 생각이 자녀의 미래를 방향 지운다. 한 국가나 사회 또는 직장의 구성원들이 대체로 그릇된 신념을 가지고 있다면 그런 곳에서는 당연히 착한 사람이 바보 취급을 받는다. 하지만 바른 신념을 가진 사람들이 더 많다면 그곳에서는 착하고 선한 사람이 대접받고 존경을 받을 것이다.

그런 점에서 지금 우리 사회는 어떤가?

착한 사람이 제대로 존경과 대접을 받는다면 우리의 자녀들도 착한 사람으로 자라도록 격려와 지지를 받을 것이다. 우리는 광고나 길거리 간판, 포스터 등을 통해 세상의 온갖 유혹들을 쉽게 접할 수 있다. 이런 세상에서 자녀로 하여금 삿된 유혹에 휘말리지 않고 바른 삶의 길을 묵묵히 가도록 하는 힘이 바로 신념이며 부모의 지도다.

《증일아함경》에서 부처님의 한 말씀을 배워본다.

"수행승들이여! 세 가지 원리를 갖추면 많은 사람을 행복하게 만들고 많은 사람에게 이익을 주고 하늘사람과 인간에게 즐거움과 행복을 나누어준다. 세 가지란 무엇인가? 순리를 따르는 신체적 행위를 권장하고, 순리를 따르는 언어적 행위를 권장하고, 순리를 따르는 정신적 행위를 권장하는 것이다."

얼핏 들어도 매우 단순하고 쉬운 말 아닌가? 이처럼 부처님 가르침은 언제나 쉽고도 명쾌하다. 순리란 곧 '자연에 순응하는 삶'이다. 인간의 가장 기본적인 도리 즉 순리에 어긋남이 없이 사는 것만으로도 모두를 행복하게 할 수 있다는 뜻이다. 모든 불행이 몸과 입과 마음으로 업을 짓는 신구의身口意 삼업三業에서 비롯할진데 이들을 청정히 다룬다는 것만큼 더 가치로운 신념이 또 있을까. 이런 신념을 자녀에게 심어주자.

정답은 필요한가

"오늘 시험은 어땠어? 아는 것은 빠짐없이 다 썼니?"

고1 아들의 시험 날, 그것도 전체 등수가 매겨지는 시험은 아이보다 부모의 관심이 더 높을 정도여서 이 날의 가족 분위기는 아이의 점수에 좌우될 만큼 비상이다. 시험 점수는 문제에 맞는 답, 즉 정답을 얼마나 잘 기입했느냐에 달려있으므로 그날의 실수나 실패는 인정되지 않는다.

이를테면 거북선은 이순신 장군을, 조선왕조를 건국한 첫 번째 왕은 이성계가 정답이다. 그러므로 우수한 성적을 얻기 위해서라도 아이들에게는 문제보다 정답을 익히고 외우는 것이 더 중요하고 우선과제일 수 있다.

이와 같이 인생에서도 정답이 있다면 얼마나 좋을까? 정답이란 옳은 답을 말하는 것이므로 문제에 딱 들어맞는 정답만 익혀서 매사를 풀어갈 수 있다면 학교에서 그동안 수없이 갈고 닦은 것만으로도 충분히 극복하며 힘들이지 않고 살 수 있으련만 아쉽게도 우리 아이들이 살아갈 미래는 지금보다 더 복잡하여 정답만을 요구하는 오늘의 교육으로는 감내하기 어려울 것 같다.

학교는 일차적으로 학습자 수준에 따라 반드시 익히고 알아야 할 지식이나 정보를 제공하는 책무가 있다. 하지만 그 방법은 적어도 학생이 동참하여 이해해가는 방향으로 이루어져야 한다. 아울러 학습자 중심의 문제 제시와 의견 및 생각을 두려움 없이 자유롭게 발표하고 토론할 수 있는 활동의 장을 조성해주어야 사고를 폭넓고 다양하게 발전시킬 수 있다.

그런데 여전히 문제에 대한 '정답이 뭘까'만 집중하는 초보적인 교육 활동에 초점을 둔다면 사회에 진출해서도 자기 의견을 소신껏 개진하기보다는 틀릴 것을 두려워 해 소극적이고 남의 눈치를 보는 인격 내지는 소위 복지부동의 자세로 일하는 시민을 양성할 수밖에 없다.

그럼에도 많은 부모는 여전히 자녀에게 고정된 정답만을 주입하는 교육을 요구한다. 정답을 외우고 높은 성적에 힘입어 일류대학, 일류학과 입학, 일류기업에 입사한다는 '모범 답안'에 따라 인생을 무리없이 살아가기를 독려한다. 그러나 변화무쌍한 세상에서 더구나 미래 사회는 4차 산업혁명시대를 맞는 삶 속에 고정된 정답이 있을 리 만무하다. 다만 상황에 따라 최선의 선택만이 있을 뿐이다. 또한 적절한 선택은 체험을 통해 얻어지는 법, 이 때문에 인생은 노력할 가치가 있고 자유로운 창조가 생성되는 것이다. 사람마다 성향이 다르듯이 부모가 정해준 정답이 상황에 따라서는 오답이 되거나 고통의 덫이 되어 옥죌 수 있음은 물론 이 정답안 때문에 수많은 청소년들은 자신의 재능은 묻어둔 채 갈등과 좌절로 위축되어간다.

《숫타니파타》〈무소의 뿔〉은 우리의 무지함을 일깨우는 부처님의 일갈이다.

"묶여 있지 않는 사슴이 숲속에서 먹이를 찾아 여기저기 다니듯이, 지혜로운 이는 독립과 자유를 찾아 무소의 뿔처럼 혼자서 가라."

자녀의 장래를 부모가 원하는 정답에 맞추어 강요하지 말고 자녀로 하여금 자신의 삶을 개척해가도록 지켜봐주라는 부처님의 가르침이다.

자녀는 다양한 방법과 체험으로 자기 길을 찾아갈 권리와 자유가 있으며, 이는 인생 여정에 또 다른 즐거움이기도 하다. 부모가 이 즐거움을 넘보는 월권은 안 되며, 자녀의 장래를 미리 예단하는 일 역시 무모한 짓이다. 자신이 직접 체험해보지 않은 지식이나 정답은 별 쓸모가 없는 죽은 교육이며 진정한 의미의 내 것도 아니기에 심금을 울리지 못한다. 심금을 울리지 못한 정답은 공감하기 어렵고 의욕이나 동기부여도 일으키지 못한다. 부모가 정해주는 평탄한 정답안에 따라 자녀를 이끌기보다는 시행착오의 낯선 길을 고생하면서 자기식의 옳은 답을 스스로의 힘으로 발견해가도록 실천의 기회를 부여하는 것이 진정한 자식 사랑이 아닌가 한다.

육근이 바쁜 아이들

중학교 2학년인 금비는 저녁 식탁에서 수저를 든 채, 친구와 문자를 주고받으며 깔깔거린다. 이를 보다 못한 아빠가 화난 표정으로 "밥상에서 뭐하는 짓이냐"며 나무라시자 금비는 "아이 짜증나!"라며 수저를 놓고 휙 방으로 들어가버렸다.

돌발적인 딸의 행동에 아빠는 어이가 없지만, 오히려 엄마는 "애들이 그럴 수도 있지, 왜 촌스럽게 그런 걸 가지고 야단을 쳐서 아이 밥도 못 먹게 해요?"라며 비난하니 이 말이 더 서운한 아빠다. 즐거워야 할 식사가 서로의 격한 감정을 못 이겨 분노와 후회의 상처를 남기고 만 것이다.

사실 금비 아빠도 이런 상황을 초래하는 것이 목적은 아니었는데 뜻하지 않은 결과에 곤혹스러웠다. 엄마 역시 본의 아니게 남편의 자존심을 건드려 화를 자초했으니 후회가 되긴 마찬가지다. 인간은 감정의 동물이라서 사소한 말이나 행동으로 쉽게 상처를 주거나 또는 받는다. 격한 감정이 누그러지고 이성을 회복한 후, 자신의 행동이 불러온 파장을 보며 '내가 왜 그랬지?' 뒤늦은 후회를 하는 게 우리 인생인 것 같다.

요즈음 아이들은 음악 들으며 공부하고, 밥을 먹으며 친구와 통화하고, 걸어가면서 스마트폰을 터치하느라 눈과 손이 바쁘다. 두 가지를 한꺼번에 처리하고 있는 격이니 지식도 두 배만큼 더

축적되는 것 아닌가 생각할 수 있을 정도다. 오늘의 세대가 예전에 비해 더 바쁘고 노력하는 것 같은데 과연 실력이 그만큼 배가되었을지는 의문이다. 그 이유는 마음의 속성에서 찾을 수 있다.

마음은 한 번에 한 군데에만 집중할 수 있다. 그래서 두 가지를 동시에 집중하여 잘할 수는 없기에 실력이 그만큼 더 증진되는 것은 아니며 오히려 집중도는 낮아질 수도 있다. 예컨대 음식을 먹으며 동시에 책읽기에 집중하기란 매우 어렵다는 뜻이다. 만일 음식과 책읽기를 동시에 하는 경우, 음식 맛을 제대로 즐기려면 읽는 책의 내용에 온전히 집중할 수가 없고 이와 반대로 책읽기에 집중하면 음식의 맛을 제대로 음미할 수 없다.

그러나 세상은 온통 볼 것, 들을 것, 하고 싶은 것 등 너무도 많은 자극이 늘 아이들을 유혹하니 두 가지를 동시에 하고 살기에도 부족하다. 또한 현 시대는 이를 능력이라는 잣대로 보니 몸과 마음이 늘 새로운 것을 찾아 바쁘고 산만하게 움직이는 고단한 삶을 산다. 안이비설신의眼耳鼻舌身意 육근六根이 피곤한 것이다.

《디가니까야》의 〈합송경〉에 나오는 말씀이다.

"감각 기능을 제어하지 않으면 탐욕스러움과 싫어하는 마음이라는 나쁘고 해로운 법들이 물밀 듯이 흘러들어올 것이다."

육근의 사용을 조절하지 않으면 온갖 해악의 유혹을 받아 불행의 늪에 빠질 수 있다는 부처님의 경고 말씀이다. 아기의 감각 기관은 출생과 함께 작동을 한다. 따라서 오감의 바른 사용을 위한 교육은 유아기 때부터 시작해야 한다. 사물을 바르게 보기, 주위의 소리를 정확하게 듣기, 고운 말하기 등 생활 속에서 자연스럽게 반복 훈련한다.

이는 후일 외부의 삿된 경계에 끄달리지 않고 세상을 건전하게 살아가도록 하기 위함이다. 그럼에도 우리는 순간적인 감정에 휩싸여 과격한 말이나 행동으로 그만 상황을 파경으로 몰아간다. 뒷수습을 위해서 몇 배의 노력과 수고도 한다. 평소에는 자녀의 행동을 수용하고 이해하던 부모도 어떤 때는 화를 참지 못해 폭발한다. 이것이 늘 육근 단속을 늦추지 말아야 할 이유다.

부모는 당연히 자녀의 잘못된 행동을 고치도록 훈육할 책임이 있다, 단 격한 감정이 앞서서는 안 된다. 화를 동반한 훈육은 자녀가 자신이 잘못했다고 반성하는 계기가 되기보다는 부모에게 미움받고 있다고 여기기 쉽다. 교육 효과가 반감되는 것이다. 단호하지만 따뜻함을 잃지 않은 말로 자녀의 잘못을 지적할 때 더 설득력이 있다.

"금비야, 지금은 식사 시간이잖니?" 아빠의 짧지만 다정한 한마디가 딸에게는 더 깊은 경각심을 줄 수 있다.

5

부모와 자녀의
정서

정서는 인간의 행복과 불행을 좌우할 만큼 매우 중요한 내적 심리 상태이다. 그래서 자녀의 행복을 바라는 부모라면 그 누구도 자녀의 정서 발달을 외면할 수 없다. 특히 영유아기는 애착과 같은 정서 발달의 기본 틀이 형성되는 중요한 시기이기 때문에 부모의 안정된 정서는 그 무엇에 견줄 수 없을 만큼 막중하다.

그런데 만일 부모가 우울하고 불안한 정서를 가졌다면 영유아기에 발달해야 할 정서적 기본 틀이 왜곡되어 정서 발달에 문제가 생기게 된다. 이를 테면 부모와의 애착이라는 중요한 심리적 과업을 맞는 유아가 부모의 정서적 문제로 인해 애착을 제대로 이루지 못한다면 아이의 정서는 부정성을 띠게 된다. 아이의 심리가 이렇게 불안정한 상태로 변질되어 정서적으로 큰 결핍을 가지면 이는 아이의 마음에 오래도록 상처로 남아 삶을 그늘지게 만들고 고통을 유발할 수 있다.

그러므로 그 어떤 시기보다 유아기에는 부모의 안정된 정서 속에서 성장해야만 한다. 안정된 정서를 가진 부모는 자녀의 실수나 잘못을 너그럽게 감싸안고 용서할 줄 안다. 또한 자녀가 필요할 때는 언제든 민감하고 친절한 배려를 동반한 도움을 준다.

5장에서는 부모와 자녀의 안정된 정서 발달을 위해 필요한 정보를 학자들의 이론과 부처님의 가르침을 중심으로 담아 이를 자녀에게 실천할 수 있도록 안내한다.

미각의 부작용이 비만이다

승민이는 초등학교 5학년이다. 또래 정상체중보다 10kg 이상을 초과해 비만 판정을 받았는데도 여전히 군것질을 많이 하고 움직이기를 싫어한다. 늘 손에는 과자 봉지가 쥐어져 있어 엄마는 걱정이 끊이지 않지만 오히려 당사자인 승민이는 태평하나.

"우리 반에도 뚱뚱한 애들은 많아요~"

비만은 유아기에서부터 그 윤곽이 드러나는 경우가 많다. 비만아들의 모습은 대체로 외모에서부터 식생활 습관까지 공통점이 많은데 우선 많이 먹고 또 군것질을 즐겨한다. 우리의 전통음식보다는 서양식 요리를 더 좋아한다. 달콤하고 자극적인 동물성 지방을 많이 섭취하는데 주로 햄버거, 피자, 닭튀김, 아이스크림, 초콜릿 등 모두 칼로리가 높은 음식들이다.

어른에 비해 유아기의 비만이 위험한 것은 지방세포의 수가 늘어난다는 사실이다. 어른이 되어 비만해지면 단지 지방세포가 커지는데 비해서 성장기인 유아기의 비만은 지방세포의 숫자를 증가시켜 성인이 되어서도 비만의 재발 가능성이 높아지기 때문에 문제가 심각하다. 다시 말해서 일단 살찐 몸무게를 감소시킨다 하더라도 곧 다시 체중이 증가해 비만으로 갈 수 있는 비율이 높아진다. 그러므로 체중에 관심을 가지는 아동기부터 음식 조절을 해도 별 효과가 없는 것이다.

더구나 공부 스트레스가 많은 아이들에게 군것질은 불안을 달래주고 먹는 즐거움도 있어 유혹을 뿌리치기 어렵다. 어떻게 보면 비만아 증가는 아이들의 학업 스트레스를 반영하는 것 같기도 하다.

　부처님은 과연 제자들에게 섭식에 관해 어떤 말씀을 하셨을까? 하루 한 번의 소식을 하는 부처님과 승가집단에서 음식은 단지 수행을 위한 중요한 수단이었으며 머무는 바 없이 마음을 내어 미각을 느끼는 수행 그 자체였다고 본다.

　《앙굿따라니까야》를 보면 부처님께서 이렇게 말씀한다.

　"수행승들이여, 세 가지 원리를 갖추면 번뇌를 부수기 위한 효과적인 기반을 얻는다. 세 가지란 감각능력의 문을 수호하고, 식사에서 알맞은 분량을 알고, 깨어있음에 철저한 것이다."

　자신에 맞는 알맞은 식사량을 알아서 몸을 단련하는 것이 번뇌를 소멸하는 중요한 기반이 된다는 가르침이다. 음식을 단순한 먹거리로만 여기지 않고 수행의 관점으로 바라본 부처님은 이런 말씀을 덧붙였다.

　"수행승들이여, 미각으로 맛을 보더라도 그 인상에 집착하지 않고 그 연상에 집착하지 않는다. 그가 미각능력을 이렇게 제어하지 않으면 그것을 원인으로 탐욕과 불만의 악하고 불건전한 것들이 그를 공격할 것이기 때문에 그렇게 제어하기 위해 노력함으로써 미각능력을 보호하고 수호한다."

인상因相이 원재료를 뜻한다면, 연상緣相은 각종 첨가물이나 조리법에 의한 맛과 그 맛에 연관된 추억이다. 그렇다면 입에 맛있는 그 무엇을 찾아 집착하지 말라는 말씀이다. 부처님 말씀에는 맛에 탐닉해서 일어날 수 있는 각종 죄악의 유혹을 염려하신 듯해서 지금의 우리에게도 의미가 크다.

요즈음 많은 부모들이 자녀와 함께 전국의 유명 맛집을 찾아다니며 맛있는 음식도 먹고 관광도 하는 가족여행을 즐긴다. 이렇듯 인간의 욕망은 더 좋은 것을 향한 추구를 통해 기쁨과 도전의 보람을 느낀다. 그러나 한편 인간의 도전과 욕망에는 수많은 자원과 동물이 희생되고 악하고 불건전한 학대로 이어지는 이면도 있다는 사실을 자녀에게 보여주고 가르쳐야 할 것이다.

이러한 현실을 파악하여 아이들은 음식의 소중함을 알고 감사한 마음으로 음식을 대할 수 있다. 비만의 근원도 알고보면 맛에 탐닉하는 탐욕이다. 즉 미각의 부작용이 비만이다. 그래서 부처님은 맛에 탐닉하는 마음을 조절하여 미각을 수호하는 건전한 식문화를 알려주셨다.

안정애착,
긍정적으로 반응하기

처음 본 아이와 우연히 눈이 마주쳤는데 이 아이가 환한 얼굴로 방긋 웃을 때 우리 마음도 덩달아 환해진다. 곧 아이의 부모를 쳐다보게 된다. '아이가 참 밝구나'라는 생각과 더불어 부모도 그렇게 밝은 사람인지 확인해보고 싶은 호기심에서다. 우리는 누구나 밝고 안정된 사람을 좋아한다. 그러나 이러한 특성은 어느 날 갑자기 형성되는 것이 아니라 아기 때부터 점진적으로 길러지며 엄마와 상호작용의 질에 의해 가장 영향을 받는다고 한다.

아기는 매우 연약한 존재로 태어나지만 감정을 표현하고 상호작용하는 사회적 존재로서의 행동을 하기 시작한다. 초기에는 부모에게 전적으로 의지하며 돌봄과 보호를 받으며 생존하게 되는데 신기할 만큼 아기는 누군가 자신을 보살펴주고자 하는 마음을 불러일으키는 신호체계를 잘 사용한다. 예컨대 울기, 웃기, 매달리기, 옹알이, 쳐다보기 등은 부모로 하여금 관심과 돌보고자하는 마음을 불러일으키는 행동들이다.

옷을 입고 외출하려는 엄마를 보면 아이는 떨어지지 않으려고 매달리며 운다. 이때 엄마가 우는 아이를 무시하거나 야단친다면 아이 마음은 실망과 불안으로 가득 채워질 것이다. 하지만 "엄마와 떨어지기 싫구나, 예쁜 아가야! 엄마가 빨리 일 마치고 돌아올 테니 조금만 기다려 줄 수 있지?"라고 말해준다면 아이는 엄마가 하는 말의 의미는 자세히 모를지라도 표정을 보고 안심한다. 이 것이 아이의 신호에 부모가 긍정적으로 반응하는 것이다. 아이는 이런 경험이 많이 쌓일수록 엄마와는 긍정적이며 안정된 관계를 이루게 된다.

정신분석학자이자 아동 심리를 연구한 존 보울비John Bowlby 는 이를 '애착'이라고 명명했다. 아이가 안정애착을 형성하기 위 해서는 엄마의 양육 행동이 중요하다. 아기가 보내는 작은 신호 도 놓치지 않고 민감하게 알아채어 그에 맞는 반응과 양육, 안아 주기와 같은 신체적 접촉, 아이에게 따뜻하고 긍정적으로 상호작 용하는 부모의 태도 등이 중요한 변인들이다.

영아기에 형성된 안정애착은 세상을 향해 나아가는 강한 힘으 로 작용하며 인지, 정서, 사회성은 바로 안정애착을 기반으로 발 달해간다. 그러기 때문에 영아기 때 부모로부터 안정적이고 충분 한 돌봄을 받지 못하면 아이는 발달에 장애를 보일 수 있다. 불안 정한 정신건강의 시작도 바로 이 시기의 부모와의 관계에서 시작 한다.

안정애착아는 정서적으로 안정되고 자신감이 있으며 새로운 일에 호기심을 갖고 도전하거나 탐색하려는 적극성이 있다. 청소 년기에는 또래친구와 좋은 관계를 형성하며 남을 배려하고 매사 에 적극적이면서 자신감이 있다. 이러한 특성은 대부분의 부모들이 추구하는 인간상이며, 스스로의 행복을 위해 지녀야 할 성품이기도 하다.

《맛지마니까야》〈사자후 품〉에는 안정적이고 올바른 부모 역할이 왜 중요한가를 예를 들어 설명하신 부처님의 말씀이 있다.

"한 마리의 암탉이 있다. 열 개나 열두 개의 계란을 올바로 품고 올바로 온기를 주고 올바로 부화시키면, 그 암탉은 '오, 나의 병아리들이 발톱이나 부리의 끝으로 껍질을 쪼아서 안전하게 껍질을 깨고 나와야 할 텐데'라고 원하지 않더라도 병아리들이 발톱이나 부리의 끝으로 껍질을 쪼아서 안전하게 껍질을 깨고 나올 수 있다.

수행승들이여, 이와 같이 용맹을 수반하는 조건들을 갖추면 그는 껍질을 깨고 나올 수 있으며, 올바로 깨달을 수 있으며, 위없는 안온을 얻을 수 있다."

부처님이 비유로 든 이 내용은 어떤 일을 성취하기 위해서는 마음속으로만 생각하지 말고 그에 알맞은 정성과 용기 있는 노력을 다하라는 메시지가 아니겠는가? 이와 유사한 내용이 오늘날 널리 회자되고 있는 줄탁동시啐啄同時다. 닭이 알을 깔 때에 알 속의 병아리는 껍질 안에서 쪼고 이와 동시에 어미 닭은 밖에서 쪼아 알을 깨뜨린다는 줄탁동시의 의미는 부모와 자식이 서로 합심해서 노력할 때 원하는 일도 성취할 수 있다는 뜻이다.

훌륭한 인품의 부모 밑에서 훌륭한 자식이 나온다는 속담도 있듯이 부모 역할이 올바르고 안정적으로 수행된다면(因), 자녀는 순리에 따라 자연스럽게 바른 인격을 갖춘 사람으로 성장해간다 (果). 바른 인격이란 정서적으로 안정되며 순화된 성품을 바탕으로 자신과 세상을 위해 올바르고 유익하며 가치 있는 일을 하려는 성향이다. 그 기본 씨앗은 어려서 뿌려진 안정애착이다.

불안정 애착 : 회피

"우리 중 누군가 먼저 싫어지는 사람은 솔직하게 말하기로 해. 억지로 사귀는 건 구질구질해서 딱 질색이니까."

중3인 세라가 남자친구 태영이에게 버릇처럼 자주 하는 말이다. 상대가 특별히 믿지 못할 행동을 하는 것도 아닌데 세라는 왜 상대를 당황케 하는 이런 부정적인 말을 달고 사는 것일까? 이 말을 액면 그대로 이해하면, 세라는 매우 강하고 독립적이며 당돌함마저 느껴지나 그 마음 이면을 들여다본다면 '언젠가는 나를 떠날지도 몰라'라는 불안, 두려움 그리고 깊은 불신감이 내재해 있음을 알 수 있다. 세라는 왜 이런 불안정한 정서를 갖게 된 것일까? 이러한 정서 상태는 거의 '어린 시절의 경험'에 뿌리를 두고 있다.

'안정애착' 편에서 살펴보았듯이, 영아기는 부모의 관심을 끌기 위한 방법으로 여러 신호체계를 보내는데 대부분의 부모는 아이의 신호에 긍정적인 반응을 한다. 그러나 어떤 부모는 아이에게 냉정하고 화를 내기도 한다. 엄마가 좋아서 매달리거나 안아달라는 아이를 "더운데 얘가 왜 이래"라며 아이를 밀치거나 차갑게 대하는 등 부정적인 경험이 반복되면 아이는 '엄마는 나를 미워하고 싫어하는구나'라고 믿기 시작한다. 그리고 이런 엄마 밑에서 생존하는 법을 아이 나름대로 터득해 나가는데, 바로 아이가 먼저 엄마를 회피하는 것이다. 마치 이성 간에 배신당할 것을 두려워해 미리 정을 끊거나 피함으로써 상처를 덜 받으려는 것과 같다. 이를 애착이론가인 매리 에인스워드Marry Ainsworth는 '불안정 회피애착'이라 하였다.

회피애착을 형성한 영아는 아동기, 청소년기를 거치면서 가정이나 친구와의 관계에 문제를 보이기 시작한다. 예를 들어 "넌 겨우 그 정도밖에 안 되는 애니?"라는 아빠 말에 아이가 실망하여 자기 방문을 걸어 잠그고 나오지 않는다거나, 아예 입을 다물고 묵비권을 행사하는 것 등은 일종의 회피애착 행동이다. 그렇다면 왜 부모는 아이에게 친밀감을 못 느끼며 거부하게 되었을까. 회피애착아의 부모는 대체로 다음과 같은 특징을 보인다.

첫째, 정서적으로 불안정하다. 불안정한 엄마는 스스로도 하루하루를 지탱하기 힘든 상황이다. 따라서 아이를 돌보는 일은 힘에 부치고 귀찮기만 하다.

둘째, 원치 않은 임신으로 아이를 출산하여 아이에 대한 원망과 미움이 많다.

셋째, 분노 조절이 잘 안 된다. 이런 부모는 아이가 잘 놀지 않고 울거나 칭얼대면 쉽게 화를 내며 아이를 밀쳐낸다.

넷째, 부모 자신이 어려서 애정을 받아본 경험이 없거나 마음의 상처가 많아 자녀를 사랑하지 못하고 부담스럽게 여기며 냉정하게 대한다.

부모로부터 거부당해 불안정 애착을 형성한 아이는 그 마음 상처가 차츰 원망과 분노로 변해 차곡차곡 내면에 쌓이게 된다. 그리고 성장과 함께 이젠 아이 쪽에서 부모를 피하거나 거절하는 앙갚음을 한다. 어디 그뿐인가. 회피애착이 형성된 아이는 인간관계에서 당당하지 못하고 위축되어 있다. 이는 부모가 자신을 거절하고 버렸듯이 친구도 자신을 버릴 것이라는 마음의 두려움이 크기 때문이다.

《잡아함경》의 〈전경〉 편을 보면 독화살을 맞은 어리석은 범부 이야기가 나온다. 독화살을 맞은 범부는 자신이 화살에 맞았다는 사실을 확실히 알고 치료를 해야만 했다. 그러나 화살을 쏜 사람이 누구인지 탓하고, 화살에 맞았다고 괴로워만 하다가 그만 치료시기를 놓친다. 죽음이 다가와서야 자신의 어리석음을 깨닫고 눈물을 흘리며 후회하지만, 이미 때가 늦은 것이다.

정서적으로 안정되지 않은 부모는 자신의 마음 상태를 먼저 확실히 깨달아 자신을 먼저 바로 세우는 일이 필요하다. 그렇지 않고 아이의 성격만 탓하고 있다면 아이가 정서적으로 더 불안해지는 두 번째 화살을 맞는 비극이 벌어진다. 부모 자신의 상처를 자녀에게 대물림해서는 안 될 일이다.

그러려면 지금까지의 어리석음을 반성하고 마음정화를 위한 노력을 게을리 하지 말아야 한다. 그리고 하루에 한번이라도 아이를 꼭 안아주며 "그간 네 마음을 아프게 해 정말 미안하다. 내

게 온 귀한 선물을 몰라보고 참으로 어리석었어"라며 진실된 사
랑을 표현하여 아이 마음을 따뜻하게 어루만져 주어야 한다.

불안정 애착 : 저항

"올해 네 살인데 여전히 제가 곁에 있기만을 원해요. 집안 일 하느라 잠시만 떨어져도 불안해하고 집안이 떠나갈 듯 울어요. 잘 달래지지도 않아요. 그렇다고 같이 앉아 있으면 꼭 좋아하는 것도 아니에요. 짜증을 내고 심술을 부리곤 해서 힘들어요. 제가 아이를 잘못 키운 것 아닌가요?"

승민이 엄마의 상담 내용이다. 한창 아이를 키울 때는 잘 모르고 무심코 행동했는데 시간이 지나면서 뒤늦게 자신의 양육 태도에 문제가 있지 않나 후회하는 경우가 많다.

승민이와 같은 행동을 발달 심리학자 매리 에인스워드는 '불안정 저항애착'이라고 했다. 저항애착은 '부모에게 사랑받고자 원하던 아이가 부모 사랑을 신뢰할 수 없게 되었을 때 실망과 함께 분노나 저항을 통해 자신의 마음을 표현하는 것'이다.

저항애착아의 행동 특징은 상당히 이중적이다. 부모 곁에 있으려고 하지만 부모와 함께 있어도 불안을 느낀다. 놀이에 몰두하지 못하고 엄마가 나갈까봐 초조해 하거나 눈치를 살핀다. 좀 더 성장하여 사춘기에 접어들면 아이의 저항은 과격해 질수 있다. 부모의 사소한 말에도 쉽게 화를 낸다. "엄만 왜 나만 미워해요"라며 원망하는 눈으로 노려보는 등 반항적이 된다. 이러한 행동은 모두 부모의 관심과 사랑이 충분하지 못한 데서 오는 일종의 '힘 과시하기'라고 볼 수 있다. 겉으로는 자신의 상처를 힘 과시하기를 통해 드러내지만 아이의 내면에선 '엄마, 제발 나에게 믿을 수 있고, 한결같은 사랑을 좀 주세요' 하며 소리를 지르고 있는 것이다.

이렇듯 저항은 관심을 추구하는 아이가 절실함을 표출하는 방법이다. 그러나 많은 부모들은 아이의 이런 마음을 읽고 알아내는 여유보다는 우선 귀찮고 힘들다는 이유로 아이를 골칫덩이로 취급해 버린다. 그러니 문제가 해결되기는커녕 아이는 더 깊은 상처를 받고 부모 또한 괴로움을 겪는다.

그렇다면 부모는 왜 아이가 원하는 사랑 대신 서로에게 힘든 상황을 만들고 있는 걸까?

저항애착아의 부모에게 나타나는 공통적인 특징이 있다. 바로 일관되지 않은 양육 태도다. 부모의 기분에 따라 관심이나 사랑이 수시로 변해서 아이는 어느 장단에 춤을 춰야 할지 모르게 된다. 기분이 좋으면 아이에게 듬뿍 애정을 쏟고 원하는 것은 다 들어주다가 자신의 기분이 나빠지면 놀아달라는 아이를 외면하고 화를 내기도 한다. 부모가 이럴 때 아이는 늘 긴장 속에서 혼란스럽기 마련이다. 기분이 좋았다 나빴다 오르락내리락 하는 '시소' 같은 부모의 태도에 아이는 늘 불안해하며 눈치를 많이 본다.

어린아이도 엄연한 인격체다. 따라서 이 시기에 맞는 공평한 대우를 부모로부터 받을 권리가 있다. 그럼에도 불구하고 부모의 비일관적인 태도로 인해 마음이 늘 조마조마하니 어찌 안정된 정서를 발달시킬 수 있겠는가?

그러나 비일관적인 태도로 자녀를 대하는 부모들도 사실은 극도로 불안정한 정서 상태에 있다. 불안정한 정서의 뿌리에는 오래된 탐욕심과 분노라는 부정적 마음이 도사리고 있다. 내 욕심대로 세상일이 안 되니 매사에 화가 나있으며 애꿎은 아이에게 그 화풀이를 쏟아내는 것이다. 자신감도 없어 늘 마음이 이리저리 흔들리니 자녀를 대하는 태도에도 일관성이 없다. 이런 부모들을 향해 들려주고 싶은 부처님의 가르침이 있다.

부처님이 제자들에게 설한 사무량심四無量心에는 오늘날 부모의 마음 수양은 물론 자녀와의 원만한 관계 형성을 위해 익히고 본받아야 할 자비희사慈悲喜捨의 마음가짐이 담겨 있다. 그중에서도 《대반열반경》의 경구 한 대목을 인용해 본다.

"가섭아, 사捨를 닦으면 탐욕, 성냄, 차별의 마음을 끊느니라. 일체의 사물을 볼 때 평등하게 차별을 두지 않으며 나의 즐거움을 버리어 다른 이에게 주느니라. 이것이 큰 버림이니라. 이 사무량심捨無量心은 모든 선행의 근본이 되느니라."

여기서 '사捨'는 '버리다, 베풀다'의 의미로 고락이나 희비를 벗어나 한결 같으며 일체의 평등한 마음가짐을 말한다. 세상을 살아가면서 갖고 싶은 것 하고 싶은 것이 수없이 많지만 더불어 이들은 우리에게 고통을 주므로 버림으로써 평등한 마음 즉 사심

捨心을 가지라는 말이다. 그러나 욕망을 안고 살아가는 중생들의 현실세계에선 매우 어려운 일이다. 그래서 우리 시대의 큰 스승으로 무소유의 모범을 보여주셨던 법정 스님의 가르침이 더욱 거룩하게 와 닿는다.

불안정 애착을 형성한 탓에 저항하는 자녀라면 부모는 지나친 탐욕심을 거두고 성냄을 여읜 마음으로 자녀를 대하여야 할 것이다. 그래야만 부모 마음도 편안해져서 자녀를 대하는 태도에도 자연스럽게 일관성이 유지될 것이다. 이렇게 된다면 자녀 또한 부모를 향한 무의미한 저항이 왜 필요하겠는가? 그러니 저항하는 아이에겐 부모의 안정된 정서와 한결같은 관심 및 사랑이 바로 치유제이다.

아울러 부모는 하루에 한 번이라도 아이를 꼭 안아주며 "넌 소중한 나의 보배야"라고 말해보자. 저항은 소모적인 힘 겨루기였다고 깨닫게 될 것이다.

불안은 인간의 기본 정서

"용이는 숙제하는 30~40분 동안에도 물 마시기 위해, 화장실 가려고 네다섯 번은 방을 들락거려요. 그리고 습관처럼 두 발을 덜덜 떨어서 아빠한테 꾸중도 많이 듣지만 고쳐지지 않네요. 제발 차분하게 앉아 공부할 순 없을까요?"

엄마의 하소연이다. 초등학교 5학년인 용이는 왜 그렇게 가만히 앉아 있질 못하고 불안해하는 걸까? 물론 용이 자신도 이런 행동을 좋아서 하는 것은 아니다. 이 세상 어느 누가 불안하고 싶겠는가? 마음이 불안하면 행복할 수가 없는데 지금 용이는 매우 불행하고 괴로움을 겪고 있는 아이임에 틀림없다.

불안이란 생존의 위협을 받을 때 생기는 염려스런 감정이다. 불안의 뿌리는 바로 죽음이며 우리 모두는 죽음을 두려워한다. 그런 점에서 불안은 인간의 기본 정서라 할 수 있다.

심리학자들은 인간이 태어나면서부터 불안을 안고 생을 시작한다고 본다. 태어날 때 엄마와 아기를 이어주던 생명줄인 탯줄이 잘려지는 순간에 느끼는 불안, 엄마젖을 떼고 이유식을 시작할 때 아기는 생명에 위협을 느낄 만큼 불안에 시달린다. 이런 여러 가지 정황으로 보아 아이가 부모의 관심을 계속 추구하는 것은 생존을 위한 일종의 몸부림이라 할 수 있다.

모든 아이는 부모의 관심과 사랑을 받기 위해 미소나 예쁜 짓

등의 신호를 수없이 보낸다. 그럼에도 부모가 이들 신호를 무시하고 반응하지 않는다면 아이는 '난 미움받고 있구나, 버려지면 어떡하지?'와 같은 극도의 불안감을 느낀다. 이런 경험들이 내면에 쌓이게 되면 자기도 모르게 불안정서가 무의식을 지배하게 된다. 그런가 하면 아이가 성장하면서 겪는 온갖 불안 요소들 또한 만만치 않다. 그중에서도 가장 큰 불안 요인은 역시 '공부 스트레스'이다.

아이들은 부모의 기대를 잘 알기 때문에 좋은 성적으로 부모 마음을 기쁘게 하고 싶고 또한 칭찬도 받아보길 원한다. 그러나 마음대로 안 되니 나름대론 내심 속상하고 불안하다. 불안할수록 뇌의 기능은 더 방해를 받아 집중력이 감소된다. 이런 상황에서는 공부에 전념할 수가 없다. 그런 점에서 공부의 제일 조건은 마음의 평화요 안정이다. 부모의 간섭이나 잔소리는 오히려 불안을 가중시켜 공부를 방해하니 이 또한 바람직한 방법은 아니다.

불안하면 뭔지 모를 허전함과 공복감을 느낀다. 왜일까? '정신적 배고픔' 때문이다. 육체가 배고프면 음식을 통해 해결하듯이 정신적 배고픔도 해소할 대상이 필요하다. 이를 아이들은 먹는 것으로 해결한다. 비만인 아이들 중 상당수가 군것질을 많이 하는데 먹는 동안은 포만감을 느끼고 즐겁기 때문에 불안을 잊을 수 있지만 과식으로 이어진다는 부작용을 낳는다.

부처님은 이에 관한 정서 문제를 많이 언급했는데《맛지마니까야》에서 관련 이야기 한 가지를 소개한다.

"수행승들이여, 이치에 맞지 않게 정신을 쓰면 아직 생겨나지 않은 번뇌가 생겨나고 생겨난 번뇌는 더욱 증가한다."

그렇다면 이미 생겨난 번뇌나 불안은 어떻게 대처하는 것이 지혜로울까?

"여실하게 있는 그대로의 자세로 불안이나 공포가 다가오면 알아차려서 제거하라."

부처님의 말씀은 이어진다.

"수행승들이여, 이치에 맞게 정신을 쓰면 세 가지 결박인 존재의 실체가 있다는 환상, 매사의 의심, 미신에 대한 집착은 끊어진다."

여기서 이치에 맞지 않게 정신을 쓴다는 것은 감각적인 욕망에 집중하거나 환상이나 망상에 사로잡혀 있다는 것을 의미한다. 그리고 이들은 번뇌나 불안의 유발 요인이다. 그러니 삿된 견해를 버리고 지혜로 사물의 본질을 보는 것 즉 이치에 맞게 정신을 쓰라는 부처님 말씀이다.

사실을 있는 그대로 본다면 의심할 것도 없이 불안은 곧 환상임을 알게 된다. 그러므로 불안을 무조건 피하려고만 하지 말고 직면하여 알아차리라는 것이다. 그러면 실체가 없는 허상은 저절로 사라지게 된다.

자녀의 불안은 부모의 잘못된 양육방법이나 상호작용에 의해 비롯한 경우가 거의 대부분을 차지한다. 자녀의 입장이 되어 바라보면 공부에 짓눌려 불안함으로 고통받는 아이들이 안쓰럽게 느껴지지 않을까?

부모가 무조건 다그친다고 아이가 순응하며 잘하는 것은 아니다. 마음의 여유를 주면서 아이 스스로 불안을 직면하고 해결해 가도록 힘을 주고 믿어주며 격려와 편안한 마음으로 지켜봐주자. 아이는 이런 부모의 태도를 그리워한다.

정말로 자녀의 행복을 바라는가

모든 부모는 자녀의 행복을 바란다. 자녀의 행복을 위해서라면 어떠한 어려움도 마다하지 않고 헌신적으로 뒷바라지 할 수 있는 사람이 부모이다. 그래서 자녀에게 부모는 우주이고 보살이며 신이다. 이 시대의 정신적 지도자 달라이라마 존자도 삶의 핵심은 행복이라고 말씀하였다. 사람을 행복하게 만들고 기쁨을 주는 사람은 누구에게나 환영을 받는다.

행복이라는 단어를 사전에서는 '심신의 욕구가 충족되어 조금도 부족함이 없는 상태'라고 정의하였다. 이 말에는 충족을 모르고 끝없이 욕망을 추구하면 영원히 행복할 수 없다는 뜻도 함께 내포한다. 그렇다면 부모들이 바라는 대로 우리 아이들은 모두 행복을 만끽하며 살아가고 있을까?

중학교 3학년인 현오는 늦잠을 자서 서둘러 학교 갈 채비를 하느라 부산을 떤다. 지켜보던 엄마가 한마디 던졌다.

"지금이 어느 때인데 그렇게 늦잠이야? 어디 대학이나 제대로 들어갈지 걱정 된다."

"누가 걱정하래요? 내가 알아서 할 테니까 상관마세요."

이미 짜증이 나있는 현오가 반항하듯 대꾸한다. 엄마는 현오의 현재 마음을 읽기보다는 이제 겨우 중학교 3학년인 아들의 대학교 입학을 걱정하고 있으니 현오의 등교길은 그저 외롭고 불안하기만 하다. 이러한 광경이 어디 현오네뿐이랴. 아이를 둔 우리 나라 부모들의 관심은 온통 대입에 쏠려있다. 21세기를 살아가는 우리 아이가 독창성과 우수한 능력 및 실력을 요구받는 미래사회 에서 남들보다 뛰어나지 않으면 치열한 경쟁에서 밀린다는 불안 감 때문에 자녀의 현재 상황보다는 미래에 가치를 두는 삶을 강 요하는 실정이다.

그러나 아이들은 부모와 생각이 다르다. 행복이란 미래에 훌 륭한 사람이 된 후가 아닌 현재 자신이 느끼고 체험하는 이 순간 자기가 하고 싶은 일을 할 때라고 여긴다.

부모가 자녀의 미래를 걱정하고 준비시키는 데 반해 아이들은 현재 지금을 더 충실하게 살고 싶어 하기에 부모와 자녀가 원하 는 행복론은 질적으로 차이가 있어 가정마다 이 문제로 서로 부 딪치고 갈등을 일으키곤 한다.

요즘 아이들은 예전에 비해 사치스러울 정도로 호화롭게 생활 한다. 영양이 풍부한 음식에 값비싼 옷을 입고 충분한 용돈과 고 액학원에서 공부하는 특혜를 누리고 있어 물질적으로는 넘쳐날 수준이다. 그런데도 왜 예전에 비해 스트레스와 짜증이 많고 마 음에 들지 않으면 공격적으로 대들거나 우울해하고 쉽게 게임에 중독될까.

원인은 부모로부터 인정받지 못하고 마음을 위로받지 못한 데 서 오는 '정신적 배고픔' 때문이다. 정신적 배고픔은 많은 용돈이나 비싼 옷보다 격려와 위로가 더 필요하다. 그러나 부모들은 자녀를 내 소유물로 착각하고 자녀를 부모의 목표에 따라 이끌고 싶은 욕망 때문에 자녀의 마음을 깊이 들여다 볼 여유가 없다.

《숫타니파타》에는 이런 부모들을 향한 부처님의 가르침이 설해진다.

"세상에서 사랑하고 좋아하는 것과 욕심은 욕망에서 일어난다. 내세에 대한 희망과 성취도 욕망에서 일어난다."

부처님의 말씀처럼 자녀의 미래를 염려하고 걱정하여 야단치는 부모들은 엄밀히 살펴보면 부모의 욕심과 욕망의 한 표현임을 알게 된다. 욕망에서 각종 희로애락의 정서가 분화되고 발생하기 때문에 욕망은 인간에게 고통과 불행을 안겨주는 오염인자임에 틀림없다. 하지만 인간이 살아 숨 쉬는 한 욕망의 굴레를 벗어나 존재한다는 것은 쉽지 않다.

《법구경》에서는 이렇게 말씀한다.

"탐내는 욕심에서 근심이 생기고, 탐하는 욕심에서 두려움이 생긴다. 탐욕을 벗어나 탐욕 없으면 무엇을 근심하고 무엇을 두려워하랴."

인간의 욕망이 불러오는 근심과 두려움의 과보를 언급하고 있다. 자녀를 독립된 인격체로 보며 자녀를 지금 그대로의 모습으로 인정하고 설령 기대에 못 미친다 해도 도량 넓게 수용하는 부모, 시험에 실수가 있더라도 야단치기보다는 격려해주는 따뜻한 부모를 자녀는 원한다. 그래서 아이들은 물질적인 풍요도 좋지만 마음의 위로를 더 받고 싶은 것이다. 오늘의 젊은 부모들은 행복의 두 날개 중 하나인 마음의 욕구를 애써 외면하는 데서 아이들은 상처를 받는다. 욕심을 줄이면 마음이 편안하고 여유가 생기면서 두뇌도 활성화된다. 이때 지적발달은 자연스럽게 형성되는 보너스임을 명심했으면 한다. 이것이 행복호르몬 효과이다.

타고난 기질, 강점을 살려라

저녁 식사시간에 생선을 한입 먹던 민호가 "아, 비린내" 하면서 인상을 쓰며 먹던 것을 내뱉었다.

"민호야, 고등어엔 오메가3가 많다고 해서 일부러 준비한 음식인데, 그냥 좀 먹으면 안 될까?"

민호는 엄마의 진심 어린 말이 이해는 가나 비위에 맞지 않으니 먹을 수가 없다. 그리고 이런 아들을 보는 엄마는 다른 아이들처럼 민호도 뭐든 가리지 않고 잘 먹으면 좋을 텐데 왜 이렇게 입맛이 까다로울까 생각하니 속상하다.

아이마다 얼굴 생김이 다르듯이 기질도 각각 다르다. 기질이 다른 만큼 아이의 행동 특성도 다르기 마련인데 부모는 아이를 평균적인 수준에서 이해하려 하니 갈등이 생기는 것이다.

기질temperament이란 태어나면서부터 관찰되는 정서, 운동, 자극에 대한 반응성들이다. 그리고 이 기질은 성장과 함께 성격으로 굳어진다. 부모가 자녀와 원만하게 상호작용하고 친근해지기 위해서는 아이가 어떤 유형의 기질을 가지고 태어났는지를 알아야 한다. 이를 테면 순한 기질의 아이는 태어나면서부터 생활리듬이 규칙적이어서 잘 먹고 잘 자기 때문에 부모는 한결 편하다. 까다로운 기질의 아이는 태어나면서부터 생활리듬이 불규칙적이고 수면 패턴도 다를 수 있어 부모가 힘이 든다.

그러나 아이 입장에서 보면 그저 다른 아이들과 다르게 태어난 것뿐인데 부모가 자신을 까다롭다고 하면서 야단을 치니 서럽다. 까다롭다는 것은 육근이 민감하고 촉觸이 활짝 열려있다는 뜻이다. 이를테면 눈이 더 민감하게 발달한 아이는 남이 못 보는 세밀한 부분까지도 놓치지 않고 볼 수 있으며, 귀가 더 활짝 열린 아이는 남이 못 듣는 미세한 소리까지 놓치지 않고 들을 수 있다. 그래서 같은 사물을 관찰해도 보통 아이들보다 더 섬세하고 광범위한 정보까지 수집하는 강점이 있다.

불교에서는 촉을 3사화합三事和合에 의해 일어난다고 본다. 즉 육근六根·육경六境·육식六識의 화합에서 생겨나는 마음작용이 촉인 것이다. 따라서 아이의 촉이 발달했다는 것은 그만큼 더 마음의 인식작용이 섬세하다는 뜻이다. 그런 점에서 촉이 발달한 아이는 창의적인 특성이 요구되는 예술인이나 개성이 강한 직업에 유리하고 성공할 가능성도 높다.

그러나 이런 특성이 자칫 신경질적이거나 짜증스러움으로 표출되어 대인관계나 세상과의 조화에 약점으로 작용할 수도 있어 부모의 각별한 이해와 도움이 필요하다. 만일 부모가 아이의 이런 특성을 까다롭다고만 판단해서 평정심을 잃고 화를 내거나 부정적인 반응으로 아이 마음에 상처를 입힌다면 아이는 좌절하고 말 것이다. 그만큼 기질이란 바꾸기가 어렵기에 타고난 그대로를 수용해야 한다는 의미다.

아이의 강점과 약점을 정확히 파악하여 그에 맞는 도움을 주고 상호작용을 잘 한다면 부모가 단점이라고 보던 부분이 장점으로 인식될 수 있다. 그렇게 된다면 아이와 정서적으로 친밀해지고 아이의 기질도 점차 순화될 수 있다. 예컨대 아이가 기질이 까다로워서 학교생활이나 외부 사람들과 적응하기 힘들어한다면 명상을 통해 내면을 관찰하는 수행법을 시도해보는 것도 좋다. 내면을 알아차리고 지켜보는 연습을 통해 자신의 감정을 조절하는 힘을 키울 수 있고 외부환경과 잘 조화할 수 있는 여유가 생길 수 있다.

부처님도 40여 년의 세월 동안 전도하는 과정에 까다로운 바라문이나 지도자를 수없이 만났다. 부처님은 그때마다 그들을 회피하고 무시하기보다는 지혜롭게 대응해 상대를 감화시켰다.

《잡아함경》을 보면 "진실한 말을 했는데도 성내는 사람에겐 어떻게 해야 됩니까?"라는 사리불의 질문이 있다. 부처님은 이렇게 대답하셨다.

"상대에게 그 말이 사실이며 자비로운 마음에서 한 것임을 깨닫게 하라. 이때 나쁜 마음을 일으키지 말고 나쁜 말을 하지 않는 것이 이익이다."

성내는 사람에게 나쁜 말을 먼저 하기보다는 인내심을 가지고 설득하라는 부처님의 가르침은 바로 이 시대의 부모가 지녀야 할 마음가짐이 아니겠는가?

부모의 진심을 몰라주는 아이를 나쁘다고만 보거나 키우기 힘들다고 속상해하기보다는 비린내에 민감한 아이의 속마음을 먼저 이해해주는 자세가 필요하다. 아이의 마음을 수용하면서 다독거릴 수 있는 부모의 이해심과 평정심이 더 중요하다.

"그렇지? 사실은 나도 그렇게 느꼈거든. 앞으로는 생선비린내를 줄여 맛있게 먹을 수 있도록 엄마가 조리법을 연구해 볼께." 또는 "우리 민호는 맛에 민감하니까 '맛 칼럼니스트'가 되어도 잘해낼 것 같아." 부모의 격려 한마디로 밥상 분위기를 전환하는 센스를 발휘해보자.

자녀의 장점을 부각시켜 희망을 주는 긍정어는 "너는 지금 잘하고 있어, 앞으로도 잘 할 거야"라고 자녀에게 미래의 꿈을 심어주는 수기授記와 같은 맥락이다.

부처님께서는 제자의 장점을 발견하면 놓치지 않고 이를 칭찬하여 깨달음의 가능성을 언급하곤 했다. 제자를 바른 길로 인도하시려는 자애의 표현이며 용기를 돋우는 수기였다고 본다.

내가 낳은 아이라고 해도 타고난 기질을 바꾸고 고쳐서 순한 아이로 만들려는 생각은 아예 접어두는 게 낫다. 그보다는 부모의 관점을 바꾸어 아이의 강점을 살리는 덕담의 상호작용으로 지혜를 발휘하는 것이 훨씬 효율적이다.

인간성 상실의 새로운 대안, 정서지능

유아교사가 나무의 종류에 관한 이야기를 나눈 뒤 아이들에게 질문을 한다.

"만일 우리 친구들이 나무라면 무엇을 가장 하고 싶나요?"

'만일 내가 ~라면'이라는 가정법을 사용하는 이런 활동은 유아들이 마음껏 상상한 내용을 자유롭게 표현할 수 있어 유치원에서 즐겨 사용하는 교육방법이기도 하다.

"만일 내가 나무라면 아이들과 친구하자고 말할 거예요."

"그늘을 만들어서 사람들을 시원하게 해주고 싶어요."

아이들의 무한한 상상력과 기발한 아이디어가 창출되며 창의력이 신장되는 순간이다. 아울러 이런 활동들은 나 이외의 다른 사람이나 사물을 이해하고 배려하는 긍정적 감성을 발달시켜 나간다.

1990년대 정서지능이라는 용어가 처음 소개되면서 부모들의 관심은 온통 아이의 정서지수(EQ)를 높이려는 열풍으로 뜨거웠다. 정서지능이란 자신의 정서를 인식하고 스스로 조절하며 관리할 수 있고 타인과도 원만한 대인관계를 형성할 수 있는 감성 지능 능력이다. 정서지능에 대한 교육적 관심은 각종 학습교재나 놀이감 개발을 부추겼고 유아들은 각종 정서 관련 프로그램에 참가해야 했다.

이런 현상의 이면에는 무엇보다도 심리학자인 다니엘 골먼 Damiel Golemand의 유명한 책인《감성지능》의 영향력을 배제할 수 없다. 이 책에서 골먼은 "지능지수(IQ)는 출세와 성공의 20%를 설명하지만, 정서지수는 그것의 네 배인 80%를 설명한다"라고 단언하였다. 인생에서 성공하기 위해서는 지적능력 외에도 남과 잘 어울릴 수 있는 성숙한 정서가 필요하다고 보았기 때문이다.

사실 현대사회의 고민이며 병폐라 할 수 있는 인간성 상실을 해결하는 적절한 대안으로 정서지능은 새롭게 주목을 끌었다. 그러나 정서지능을 학습지나 프로그램을 통해 높일 수 있다는 상업적 시각은 문제가 있다.

정서지능이란 누가 가르친다고 해서 키워지는 게 아니라 아이 스스로 사람, 자연, 사물과 직접적인 관계를 통해 마음 깊이 느끼고 공감하면서 내면에 체득되는 독특한 감성이다. 예를 들어 발레리나가 도심의 느티나무와 시골 느티나무의 삶을 비교해서 춤으로 표현한다고 할 때, 나무에 대한 진정한 성찰 없이 춤의 기법이나 동작 순서만 암기하여(IQ) 연기한다면, 기술적인 동작은 뛰어날지 몰라도 관객의 마음을 사로잡고 공감할 수 있는 이야기는 없는 상황이 된다. 나무를 체험으로 알지 못하면 감성이 우러나올 수 없어서다. 나무의 시각으로 세상을 만나고 느끼며 상상해보는 감성적 공감(EQ)이 있을 때 비로소 무용수는 느티나무에 대한 감정과 자신만의 이야기를 표현할 수 있고, 표정이 깃든 생명력 있는 나무를 관객 앞에 선보일 수가 있다.

유치원에서는 이런 감성교육을 한다. 자연과 친구하며 더불어 공존하는 법을 경험하도록 안내하지만 초등학교에 들어가 고학년이 될수록 지식 교육 위주로 바뀐다. 무엇보다도 부모와 사회가 감성교육을 달가워하지 않는다. 성적을 향상시키는 데는 감성발달이 아닌 암기식, 주입식 교육이 더 빠르고 우수하다고 믿기 때문이다. 그 결과 아이들의 정서는 좌절과 실망 그리고 분노를 담은 부정적 정서로 변해 뇌에 입력된다.

어떤 똑같은 상황을 보고, 한 아이는 분노로 반응하지만 다른 아이는 긍정적인 반응을 하는 것도 뇌의 편도체에 저장된 정서적 경험이 각각 다르기 때문이다.

정서발달에 관계성이 중요하다고 볼 때, 그 최초 대상은 바로 부모다. 부모란 이처럼 늘 자녀교육의 중심에 서있다. 그렇다면 부모가 자녀에게 안겨줄 수 있는 편안한 정서 경험은 무엇일까? 말할 것도 없이 얼굴은 화평하게 말은 부드럽게 한다는 뜻의 화안애어和顏愛語의 모습으로 대하는 것이다. 이런 외형적 모습은 오직 내면의 정서가 안정되고 평화로울 때 드러나는 향기이며 자비의 표출이다.

부처님은 이런 사람을 가리켜《앙굿따라니까야》에서 슬기로운 자, 참사람이라고 말씀했다.

"수행승들이여, 슬기로운 자는 선한 생각을 하고 선한 말을 하고 선한 행위를 한다. 그런 점에서 그를 두고 슬기로운 자, 참사람이라고 한다.”

선한 생각과 언행을 한다는 것은 정서지수가 높다는 증거다. ‘선하다’는 의미는 맑고 청정함을 내포한다. 흔히 선한 사람을 손해만 보는 바보라고 취급하는 잘못된 인식이 있다. 그러나 선한 것과 바보는 개념적으로 차원이 다르다. 선한 사람은 내 이익을 위해 남에게 불이익을 주거나 해치지 않는다. 필요 이상 욕심을 내지 않으니 남에게 사기당할 일도 없다. 성품이 선한 만큼 아무 때나 미움이나 질투로 괴로워하지 않으며 자신의 정서 관리를 잘하고 상황에 맞게 감정을 조절해 나가므로 매사가 평화롭고 안정적이다. 그래서 선한 사람은 사람들의 존경을 받게 되고 인기도 높다.

부처님이 칭찬하신 슬기롭고 참된 사람이란 자녀를 키우는 우리 부모들이 본받아야 할 인격이며 마음가짐이라고 본다. 슬기로운 부모는 자녀를 양육할 때 부모 욕심으로 키우지 않기 때문에 적어도 아이가 학교 성적으로 불안에 떨거나, 정서가 피폐해지도록 학원을 순회시키지는 않는다.

그 대신 좋은 친구를 사귀고 자연 속에서 마음껏 뛰어 놀게 하여 큰마음을 키우고 스스로 행복을 가꾸어가도록 자유를 준다. 아이의 인생길에 시험점수 몇 점 더 올리기보다는 자연을 닮아 정의롭고 선한 인품을 갖추는 일이 더 중요함을 가르치고 싶어서다. 이런 슬기로운 부모 밑에서 자녀의 성품이 어찌 바르지 않겠는가. 자녀의 정서지수가 높아질 것은 당연한 귀결인 듯하다.

여유의 참 멋

외출하고 돌아와 아파트 엘리베이터를 기다리는데 뒤에서 '삑, 삑, 삐익' 버튼 소리가 들린다. 돌아보니 1층에 사는 일곱 살 남자 아이가 현관문을 막 열고 있다. 그런데 그 모습이 쫓기는 듯 불편해 보인다. 조그만 두 손으로 현관의 번호판을 감싸 안고 얼굴을 바싹 붙인 채 누가 볼까봐 조심스럽게 비밀번호를 누르고 있다. 철저히 훈련받은 듯 빈틈없는 아이행동에서 세상이 얼마나 위험한지를 확인하는 것 같았다.

사실 어른들도 비밀번호를 누를 때는 좌우를 살핀 후 사람이 없음을 확인한 후에야 안심하고 버튼을 누른다. 하물며 사람들이 늘 오고가는 1층에 산다면 그 불안감은 오죽할까 실감한 순간이었다.

언제부터인가 사람들은 타인을 잘 믿지 않고 의심부터 한다. 특히 엘리베이터 안에서 낯선 사람이라도 만나면 의심의 눈초리로 경계부터 한다. 뉴스를 통해 끔직한 사건을 많이 접하다보니 자연스럽게 몸에 밴 조심성이라고 할까. 그래서 부모는 자녀의 나이에 상관없이 자녀가 늦게까지 집에 들어오지 않으면 걱정을 한다.

불과 30여 년 전까지만 해도 늦은 시간의 귀가도 무섭지 않았던 학생들, 낯익은 아저씨가 귀엽다고 사주는 과자도 의심 없이 받아먹던 어린이들, 길을 묻는 아주머니를 그 장소까지 친절히 모셔다 드리는 청소년이 착한 아이라고 칭찬받던 시절을 우리 모두 기억한다. 그러나 이제 더 이상 이런 일들이 상식으로 통용되지 않는다.

도로에는 비도덕적이고 반사회적인 사람들도 어엿한 시민으로 버젓이 길거리를 배회하며 조건이 닿으면 언제든 몹쓸 행동을 저지르지만 사전정보나 신속한 예방대책은 거의 불가능하니 우리는 두렵기만 하다.

입으로는 도덕성의 회복을 외치는 사람들도 도덕교육에 관해서는 별로 관심을 두지 않는다. 그래도 한국은 안전한 편이라면서 방심하고 크게는 대입시험, 취직시험, 승진에 큰 보탬이 되지 않는다고 믿기 때문이다. 즉 도덕 준수는 사는 데 크게 이익될 게 없다는 성과주의 사고방식이 바로 사회구성원들의 가치관으로 자리 잡고 있는 것이 우리네 현실이다.

우리 삶은 지금 여유와는 거리가 멀다. 사회가 부도덕하고 정의롭지 못할수록 아이들의 삶도 평화를 잃고 허둥댄다. 언행이 과격해지고 늘 쫓기듯 살아가는 아이들의 모습이 그 증거다. 여유로운 삶 속에 평화와 참 멋은 깃드는 법, 늘 바삐 살아가는 아이들에게 참 멋이 깃들기는 어렵지 않을까?

그런 점에서 조급하지 않으며 넉넉한 삶을 산다는 의미의 '여유'는 자유가 있어 다분히 낭만적이며 신선하다. 사회의 부조화나 모순으로부터 아이들을 그나마 자유롭게 이완시키고 에너지를 충전할 수 있도록 돕는 방법이 바로 여가다.

그리스 철학자 아리스토텔레스의 여가에 대한 입장은 눈여겨볼 만하다. 아리스토텔레스는 여가를 단순히 쉬는 시간으로 인식한 것이 아니라 교육의 중요 요소로 보았다. 모든 관습, 제도에서 벗어나 자아실현이나 자기개발을 할 수 있는 시간이 여가이기에, 일을 선택한다면 여가를 위해 선택하라고까지 주장했다.

오늘의 교육현장에서 입만 열면 창의성 교육을 들먹이지만 진정한 창의성 교육은 자유가 뒷받침된 여유 속에서 생성된다는 간단한 이치를 잊어서는 안 된다.

그런 면에서 최근 들어 명상은 자기계발을 위한 탁월한 여가 활용법으로 각광받고 있다. 늘 허둥대며 평온을 잃은 채 밖을 향해 바쁘게 살아가는 우리 아이들의 정서는 긴장과 불안 그 자체다. 이런 아이들에게 명상을 통해 자신의 내면을 관찰하는 시간적 여유는 몸과 마음을 고요히 쉬게 하는 효과가 있다.

부처님은 정신없이 살아가는 우리 모두를 향해 《잡아함경》〈안나반나념경〉에서 다음과 같이 위로해준다.

"호흡을 관찰하는 수식관을 닦아 익히면 몸과 마음이 쉬게 되고 거친 생각과 미세한 생각이 순일해지며 순수하고 분명한 생각을 닦아 만족스러워진다."

부처님의 말씀은 호흡을 관찰하며 몸과 마음을 쉬면 거친 생각도 순해지고, 순수해져 혼돈에서 벗어나 분명한 생각을 갖게 된다는 것이다. 공부 스트레스가 많은 아이들일수록 생각이 복잡하고 혼란스러워 쉽게 화를 내고 별 일 아닌 일에도 공격적으로 돌변한다. 이런 때 부처님 가르침 따라 호흡을 관찰하는 명상의 여유를 가지도록 안내해보자.

자녀가 몸과 마음이 긴장이나 두려움으로부터 벗어나 생각의 순수함과 여유의 '참 멋'을 회복하도록 돕는 일은 지혜로운 부모가 해줄 수 있는 큰 기쁨이 아닐까 한다.

6

자연 요소와
아이 이해

인간의 몸을 구성하는 '지수화풍공地水火風空'은 자연의 5대 요소이다. 그러므로 인간과 자연은 분리되어 존재할 수 없는 상호의존적 관계이다. 인간은 서로 돕고 더불어 살아갈 때 가장 안전하고 건강한 삶을 살 수 있다. 이는 바로 불교의 연기론적 세계관에 기초한 탁월한 인간 이해이면서 현대 과학이 규명한 인간과 자연의 관계이기도 하다.

자연의 5대 요소는 인간의 몸은 물론 마음의 특성과도 연결되어 영향을 미친다. 이러한 특성을 바탕으로 부모가 아이들을 이해하고 관망하는 안목을 넓힌다면 보다 너그럽고 따뜻한 시각으로 자녀를 바라볼 수 있다. 동시에 자연에 대한 고마움도 느끼게 될 것이다. 그뿐 아니라 갈수록 더욱 중요해지고 있는 자연 환경 문제에도 관심을 기울여 자녀의 가치관도 바로잡아줄 수 있다. 이는 자연이 인간에게 깨우치고 베풀어주는 교훈이 아닐까 한다.

6장에서는 자연과 인간의 5대 요소에 기초해 자녀를 이해하고 수용하는 방법과 가정에서 할 수 있는 환경 교육 방안을 다룬다.

흙(地), 역동하는 에너지

2016년 9월 12일 밤 8시 32분. 규모 5.8의 지진이 경주를 엄습했다. 아마 난생 처음 겪는 큰 지진이어서인지 사람들은 더욱 놀랐다. 땅이 심하게 요동치며 좌우로 흔들리는 지진 앞에 시민들이 할 수 있는 일이란 오직 몸을 피하는 것만이 전부였다.

나는 뒤늦게 집을 빠져나와 황급히 아파트 쉼터로 가보니 이미 많은 사람들이 몰려와 제각각 놀란 가슴을 쓸어내리고 있었다. 겁에 질린 표정들, 어떤 사람은 가까운 사람을 찾기 위해 여기저기 기웃거리는가 하면, 신발도 신지 못하고 맨발로 급히 뛰어나온 엄마와 어린 딸의 모습이 때마침 내리는 가랑비에 젖어 더욱 안쓰러워 보였다.

단 몇 초에 불과한 지진의 위력에 인간은 정말 무력한 존재임을 실감하며 풀이 죽을 수밖에 없었고 할 수 있는 일이란 그저 스마트폰에 매달려 정부에서 무슨 소식을 내지 않을까 애타게 기다릴 뿐이었다. 과연 인간과 자연, 그리고 땅의 관계는 무엇이기에 이렇듯 예고도 없는 재앙이 일어나는 걸까?

독일의 교육철학자 프리드리히 프뢰벨Friedrich Fröbel은 "자연이 인간을 교육한다"라 하였으며, 프랑스 아동교육철학자 장 자크 루소Jean-Jacques Rousseau도 "자연으로 돌아가라"와 같은 유명한 말을 남겼다. 무슨 의미인가? 한마디로 자연은 인간 생명의 발생원이니 자연과 조화를 이루며 보고 배우라는 뜻이다. 아동은 이 자연을 무대로 산과 들과 바닷가를 뛰어다니면서 즐겁게 노는 사이에 마음과 몸을 키우고 오감을 발달시키며 우주의 질서와 삶의 방법을 터득해간다. 이처럼 인간은 땅을 기반으로 살아가는 존재이기에 아이들이 건강하고 밝게 자라나기 위해서는 무엇보다 흙이 오염되지 않고 깨끗해야만 한다.

이런 우주의 이치를 철저히 파악하신 분이 부처님이다. 자연을 인간과 분리하지 않는 통합된 생명체로 파악한 부처님의 가르침에 따라 불교는 인간의 몸을 자연의 요소와 일치시킨다.

《디까니까야》에는 "지수화풍地水火風의 사대요소四大要素로 이루어진 인간의 몸에서 근육이나 뼈의 단단한 부분은 흙(地)에 해당하며, 육체가 소멸되면 흙으로 돌아가 자연물질로 귀속한다"라는 부처님의 연기론적 세계관이 나와 있다.

인간의 몸처럼 흙도 살아 숨 쉬며 역동하는 에너지이다. 내 몸 안의 흙의 요소와 내 몸 밖의 흙이 결코 다르지 않는 같은 생명체라는 부처님의 말씀을 깊이 음미하면 왜 우리가 흙을 소중히 여기며 더불어 같이 살아가야 하는지 그 이유를 알게 된다.

그런데 어떤가? 인간은 흙을 오염시키는 온갖 행위를 서슴없이 저지르며 학대한다. 각종 화학제품들로 흙을 오염시키고 개발이라는 명목으로 산을 뚫고 토양을 파헤치는 폭발을 일삼는가 하면 탐욕에 가득 찬 잔인성은 핵실험으로 드러나니 토양이 몸살을 않고 병이 든다.

자연은 정직하다. 현재 상태를 잘 보이기 위해 꾸미거나 덧칠하지 않고 존재 그대로를 정직하고 솔직하게 보여준다. 그러므로 자연이 보여주는 각종 재앙은 지구가 위험 수위에 다가가고 있음을 여실히 보여주는 징표이며 생명체인 지구의 몸부림이 아닐까 한다. 인간 행위에 대한 인과응보라고 해도 우리 모두는 할 말이 없다.

우리는 지금 자녀에게 무엇을 가르치는가? 적어도 자연을 지배하는 것이 능력이라고 가르치진 말자. 자연이 보여주는 아픔에 귀 기울이며 왜 내 몸처럼 자연을 아끼며 소중히 여겨야 하는지를 알게 하자.

"흙에서는 무엇을 얻을 수 있지?"

"좋은 흙을 가꾸려면 어떻게 해야 할까? 좋은 흙을 구분하는 법은?"

서로 마음을 모아 토론하고 직접 경험해보는 시간을 가져보는 것은 환경에 대한 관심을 환기시키는 좋은 기회가 된다. 아이들은 이런 경험을 통해 흙에도 고유한 냄새나 색이 있으며 향긋한 냄새가 나는 좋은 흙에서 땅속의 생명체들이 건강하게 살아갈 수 있다는 흙의 재발견과 소중함도 배운다.

사찰에서는 매일 새벽시간 '법고'를 쳐서 땅에 의지하여 살아가는 모든 생명들의 괴로움을 덜어주고 안심시켜주는 의식을 갖는다. 철저히 일체만물의 생명을 존중하고 더불어 살아가는 불교의 차원 높은 생명관이라 본다.

우리가 발 딛고 살아가는 지구에서 언제든 벌어질 수 있는 천재지변에 맞서 그나마 인간이 할 수 있는 최상의 방법은 부처님의 말씀처럼 자연과 조화하며 겸손한 삶을 사는 것이라 믿는다.

물(水), 생명의 근원

학교에서 돌아온 아홉 살 은석이가 현관문을 들어서며 엄마를 부른다.

"엄마, 목말라요."

냉장고에서 시원한 물을 꺼내주는 엄마에게 은석이는 "아니, 맹물 말고 시원한 콜라 주세요" 한다.

"목마르면 물을 마셔야지 콜라는 안 좋아."

"물은 맛없어서 싫단 말이야."

물이 좋다는 엄마와 콜라를 원하는 은석이 간에 작은 실랑이가 벌어지지만 "알았어, 콜라 줄게" 결국 엄마가 양보를 하고 만다. 아이들은 왜 이처럼 건강에 좋은 순수한 맹물보다 별로 도움이 안 되는 탄산수나 청량음료에 길들여져 가는 걸까? 마트의 상품진열대를 보면 그 이유를 짐작할 수 있다. 무색의 비슷비슷한 물병들에 비해 근사하게 늘어서 있는 화려한 용기들, 이 안에 먹음직스런 색깔의 음료는 사람들의 시선을 끌기에 충분하여 어른도 피해가기 어려운 상황인데 어찌 아이들이 매혹되지 않겠는가.

이 세상에서 물처럼 맛있고 좋은 것은 없다는 사실을 갈증을 겪어본 사람이라면 다 안다. 물은 인체를 구성하는 중요 요소다. 태아는 엄마 뱃속에서의 열 달을 양수라는 물속에서 성장하고 생명을 유지한다. 이는 곧 인류의 태초 생명이 물에서 시작되었음을 의미한다. 그리스 철학자 탈레스Thales가 "만물의 근원은 물이다"라고 표현했듯이 인간과 지구상의 물 비율이나 성분은 같다. 즉 성인의 몸에서 약 73%, 아기는 약 82%가 체액이니 인체의 약 2/3가 수분인 데 지구상의 육지와 바다의 비율도 이와 같다. 지수화풍의 사대요소로 이루어진 인간의 몸에서 수水의 성분은 혈액, 침, 오줌과 같은 수분으로 저장되어 있다가 인체의 소멸과 함께 근원인 자연의 수분 상태로 되돌아간다.

물의 순환은 마치 인체 내의 동맥과 정맥의 순환작용처럼 자연과 인간을 통해서 되풀이 된다는 점이 인간과 지구가 서로 공존하며 조화롭게 살아가야 할 이유다.

예전에는 어딜 가도 맑은 물이 졸졸 흘러내려 목이 마르면 두 손으로 흐르는 냇물이나 계곡물을 떠 마시곤 했었는데 문명과 개발은 우리 국토의 맑은 물을 오염시켜 이젠 정수하지 않으면 마실 수 없게 되었다. 우리가 오염시킨 물을 다시 정수하느라 많은 시간과 자원을 소비하는 아이러니한 모습을 우리는 발전이라고 하니 옛 추억이 새삼 멀게만 느껴진다.

부처님은 중생의 무지로 인한 해악을 《앙굿따라니까야》〈바라문의 품〉에서 이렇게 지적하셨다.

"바라문이여, 어리석음으로 인해 미혹하고 어리석음에 정복되고 마음이 사로잡히면, 자신의 이익도 있는 그대로 알지 못하고, 타인의 이익도 있는 그대로 알지 못합니다."

부처님 말씀처럼 어리석음에 사로잡히면 이익을 가져오는 지혜로운 판단은 사라지고 모두를 해치는 과오를 범하게 된다. 얼마 전에도 식수원인 강 상류에서 공장 폐수를 몰래 버린 탓에 물고기들이 떼죽음을 당했다는 보도를 보았다. 참으로 어리석은 한 사람의 행태에 애꿎은 생명체들이 죽었고 많은 사람들이 오염된 식수에 노출되었다.

이제라도 우리의 미래 세대가 그런 어리석음을 배우거나 되풀이해서는 안 되며 서로 이익 되고 더불어 살도록 안내해야 한다. 그런 점에서 아이들에게 왜 물을 아끼고 깨끗이 사용해야 하는지를 가르쳐야 하며 그 방법 중 하나로 가족이 모여 토론식 대화를 하는 것도 좋은 대안이 될 수 있다.

예를 들어 "물과 인간의 관계는? 깨끗한 물과 오염된 물의 차이는?"등의 질문만 가지고도 부모와 자녀는 많은 대화를 나눌 수 있다. 부모는 아이에게 물의 소중함과 왜 물을 깨끗이 사용해야만 할까를 깨우쳐줄 수 있다.

물은 자정능력이 있어 사람들이 버리는 각종 오염물도 묵묵히 수용하고 정화하지만 오염 수치가 정도를 넘으면 감당을 할 수 없다. 물도 병이 드니 그 안에 존재하는 모든 생명들도 따라 병든다는 이치도 터득하는 계기가 된다.

불교의 자비 정신은 이들 생명들을 가엾이 여겨 매일 아침 목어木魚를 쳐서 물속에 사는 여러 생물들을 위로하고 아픔을 덜어주는 사찰의식으로 승화시켜 실행을 한다. 차원 높은 불교적 생명의식이요, 고귀한 삶의 향연이 아니겠는가. 이런 정신을 아이들에게 심어주어 깨끗한 물 관리와 물속에 사는 생명체를 귀히 여기는 인격을 가꾸도록 돕고 안내하는 사람이 부모이다.

따스함(火), 예의 바른 아이들

아기가 두세 살만 되면 "내가 할 거야"와 같은 자기주장을 하게 된다. 이 시기는 언어 표현이 부족해 떼쓰듯 자기주장을 하므로 이를 두고 버릇없다고 나무라진 않는다. 그러나 자라면서 아이가 막무가내로 떼쓰듯 자기주장을 고집하는 것은 잘못된 버릇이 형성되는 과정이기 때문에 고쳐주어야 한다.

잘못된 습관은 쉽게 형성되지만 이를 교정하는 데는 오랜 시일이 걸린다. 그래서 좋은 습관과 사회생활의 기본인 예절교육은 어려서부터 시작해야한다.

매우 오래 전 일이다. 그러니까 1987년 영국을 처음 방문했을 때다. 길을 걷고 있는데 어린아이를 동행한 엄마가 내게 "익스큐즈 미(실례합니다)"라며 내 앞을 먼저 가도 되겠느냐는 몸짓으로 양해를 구하였다. 그런가 하면 건물의 출입문에서는 앞서가던 사람이 습관처럼 뒷사람을 위해 문을 열고 기다려주었다.

지금 생각하면 그리 놀랄 일이 아니지만 그 당시 우리나라는 서로 밀치며 앞질러 걸어가거나 심지어 몸을 세게 부딪쳐도 '실례합니다'라는 인사는커녕 무례한 시선을 보이는 게 다반사였다. 그래서 영국인들의 행동은 내게 신선했고 낯선 땅에서 다소 긴장했던 마음이 편해졌다. 유아교육을 하는 사람으로서 어린아이에게 보여주는 부모의 이런 태도는 서로 배려하고 존중하는 행동으로 비쳐져 심성을 가꾸어주는 좋은 모델이 되겠구나 하고 깨닫는 바도 컸다.

영국의 철학자 존 로크John Locke는 어린 시절부터 타인에게 친절하고 봉사하며 명예와 예절을 중시하는 인격 즉 신사를 양성하는 신사 교육을 부모들에게 강조한 학자다. 영국인의 에티켓 문화는 이런 교육과 생활의 반영이라고 본다.

그렇다면 한국인은 어떤가? 공자의 후손으로 전국시대 말엽의 사람인 공빈이 우리나라를 비롯한 만주와 일본 지역에 대해 쓴《동이열전》에는 이렇게 기록되어 있다.

"동방에 오래된 나라 동이는 훌륭한 단군이 계셨는데 비록 큰 나라이지만 남의 나라를 업신여기지 않고 군대는 비록 강했지만 다른 나라를 침범하지 않았고 풍속이 순박하고 후덕해서 길을 가는 이들이 서로 양보하고 음식을 먹는 이들이 먹는 것을 서로 양보하니 가히 동방예의지국이다."

이렇듯 우리 조상은 기원전부터 이미 상대에게 길을 양보하고 음식을 양보하는 후덕함과 선진문화의 예의를 갖추었던 따뜻하고 품격 높은 민족이었다. 그래서 한국인의 유전자에는 한국 고유의 예절 정체성이 내재하여 윤회한다. 그럼에도 불구하고 한국인은 이를 자랑스러워하기보다는 한국 전통 예절이 발전에 걸림돌이라도 되는 양 구닥다리 취급을 한다. 지금이 어느 시대인데 예절을 들먹이느냐고 말할 수도 있지만 예절은 없어져야 할 구식이 아니라 현실에 맞게 수용되어야 할 문화요, 삶을 아름답게 가꾸는 예술이다.

만일 우리의 삶에 예절이 없다면 사회는 무질서해지고 타인에 대한 존중감도 없이 삭막해질 것이다. 마치 삶에 따스한 온기(火)가 없어 냉랭하고 싸늘한 그런 관계처럼 말이다. 인간은 누구나 얼음처럼 차갑고 냉정한 사람보다 따뜻하고 친절한 사람을 좋아한다. 그런 맥락에서 예절 바른 인격 수행은 즐겁고 행복한 삶, 따뜻한 사회를 위해서라도 계승되어야 할 필수 덕목이다.

《맛지마니까야》〈추론의 경〉에는 목갈라나 존자가 수행승에게 설법하는 장면이 나온다.

"벗들이여, 가르침을 베풀기 어렵게 만드는 조건이란 어떠한 것입니까? 벗들이여, 어떤 수행승이 꾸짖음을 듣고 얼버무려 넘기고 논외로 하고 분노, 성냄, 불만을 드러내는 것이 가르침을 베풀기 어렵게 만드는 조건입니다."

이 말씀처럼 가르침을 통해 인간은 보다 높은 인격을 연마해가는 데 그런 가르침에 분노나 불만을 품는다면 더 이상의 배움은 없다는 뜻이다.

배움에 끝은 없다. 우린 늘 지적인 결핍을 느끼며 살기 때문에 생활에 유용하면 옛것에서도 배우고 익히는 것은 당연하다. 더구나 잘못을 지적해주는 스승이 있다면 더없는 행복이 아니겠는가? 우리아이들이 늘 배우고 익혀 예절 바른 인격, 따뜻한 성품을 형성한다면 자신을 위해 좋은 일이다.

바람(風), 활동하는 아이들

얼마 전 우리 집 바로 위층으로 이사 온 젊은 부부가 인사를 왔다. 수박을 한 통 내밀며 여섯 살 딸과 네 살 아들을 두었는데 약간 시끄러울 수 있으니 양해를 구한다는 부탁도 잊지 않았다. 나는 "아이들이 그럴 수도 있지요, 그래도 너무 뛰지 않도록 주의만 좀 시켜주세요"라며 위아래 층 인연을 환영하였다. 그런 다음 날부터 층간소음을 경험하기 시작했다.

어떤 날은 아이들이 아침 7시경부터 뛰기 시작하여 밤 11시경까지 쿵쾅거린다. 의자에서 뛰어내리는 소리, 때론 벽에 등을 치는지 우리 거실 바닥까지 쿵 내려앉는 것 같아 염려되기까지 하다. 어쩜 저렇게 잘 뛸까 궁금할 정도로 아이들은 지칠 줄 모른다. 신문이나 뉴스를 통해 익히 들어왔던 층간소음 문제의 실상과 그에 따른 고통이 이제 내 문제로 다가온 것이다.

일주일 동안을 애써 인내하며 지켜보다가 큰 마음먹고 위층 집을 노크했다. 부부는 직장에 출근했다며 할머니가 문을 열어주었다. 두 아이는 벨소리에 뛰던 걸 멈추었는지 땀에 젖은 얼굴이 벌겋게 상기된 채 다소 어색한 표정으로 나를 쳐다보았다. 아이의 눈빛에서 낯선 사람에 대한 경계심을 본 순간 준비해간 아이스크림을 건네며 부드럽게 말을 건넸다.

"얘들아, 안녕! 나는 아래층에 살거든. 너희들과 인사하려고 왔는데 우리 악수 할까?"

아이들이 선뜻 나서지 않자 할머니가 "이리 와 인사해야지 뭐해?"하자 어색한 듯 누나인 여자아이가 손을 내민다. 근방의 어린이집에 다니는데 방학이라 집에 있다고 했다.

"네 이름은 뭐야?"

여자아이가 대답한다.

"송이."

"응, 예쁜 이름이네, 우리 친하게 지내자. 근데 우리 약속 하나할까? 너희들이 쿵쿵 뛰지 않으면 다음 번엔 더 맛있는 걸 사주고 싶은데 어때? 약속 지킬 수 있어?"

내 제안에 여자아이가 고개를 끄덕였고 동생인 어린 남자아이는 재미있는 구경거리를 보듯 쳐다보고 서있었다. 이 날만큼은 위층이 조용했다. 그러나 아이들은 또다시 뛰기 시작했다. 아이에게 어떤 행동을 습관들이려면 반복적으로 상기시켜주어야 잊지 않는다. 그래서 부모의 반복교육이 필요하다.

아파트 주변에서 가끔 위층 가족을 만나는데 그때마다 송이는 "10층 아줌마다." 반갑게 아는 척을 하며 두 손을 배 앞에 모은 배꼽인사를 하니 이런 천진한 아이에게 뛴다고 불평할 수가 없다. 이젠 내가 소리에 적응 중이다. 거실 바닥에 매트를 깔아서 괜찮을 거라며 딸아이가 좀 많이 뛰는 편이라고 미안해하는 송이 엄마의 배려도 고맙다.

늘 움직이는 아이들의 특성은 사대요소 중 바람(風)의 성질이니 그 누가 이 성장 에너지를 막겠는가? 차분히 걷기보다 뛰는 것이 더 익숙하고 신나는 아이들에게 때와 장소에 따라서는 뛰어서는 안 되며 뛰는 그 행동이 남에게 어떤 영향을 미치는지 깨닫도록 지도하는 부모의 바른 역할이 요구될 뿐이다.

부처님은 《맛지마니까야》〈사자후 품〉에서 말씀하셨다.

"수행승들이여, 나는 악하고 불건전한 것에서 재난이 있고 타락이 있고 불결한 것을 보고, 선하고 건전한 것에서 출리가 있고 공덕이 있고 청정한 것을 본다."

모든 재난이나 타락은 악하고 건전하지 못한 마음에서 비롯한다. 층간소음으로 인한 갈등도 알고보면, 타인에 대한 배려 부족이나 불건전한 사고가 원인이다. 거기에 악한 마음이 가세하면 상황은 재난으로 갈 수 있다는 부처님의 말씀처럼 문제에 대한 감정적 대응보다는 선한 이해심의 대응이 해결을 위해 더 좋다.

인구는 많고 땅은 한계가 있으니 좋든 싫든 우리는 아파트라는 공동 건물에서 여러 가구가 어울려 살게 된다. 공동이란 서로에 대한 이해와 배려를 함축하는 말이니 아파트 거주자로서의 지켜야 할 나름의 수칙이 있고 이를 지키는 것은 최소한의 예이다. 이를 테면 위아래 층 가족과 친절하게 지내기, 내 아이가 집안에서 뛰지 않도록 주의시키기, 악기 등의 연습은 낮 시간으로 제한하기, 층간소음 등 갈등 문제는 서로 다투기보다 관리사무소에 중재를 요청하기 등이다.

　더불어 유치원이나 초등학교에서도 시대에 맞는 인성교육의 일환으로 아파트 에티켓 등 사회적 문제에 기본적인 관심을 두었으면 한다.

비움(空), 자연의 이치

나뭇잎이 알록달록 물들기 시작하는 가을이면 유치원의 야외활동도 그만큼 잦아진다. 유아들은 탁 트인 공간에서 몸을 마음껏 움직이는 활동을 매우 좋아해서 일단 교실을 벗어나면 맘껏 소리도 지르고 이리저리 뛰어다니며 신이 난다. 그러나 교사는 아이들처럼 바깥놀이를 마냥 즐길 수는 없다. 왜냐면 사고의 대부분이 야외학습시간에 발생해서 여간 주의를 기울이지 않으면 안 되기 때문이다. 그럼에도 불구하고 유아교육에서 야외학습은 매우 중요한 영역이라 제외할 수 없다. 교실에서 배울 수 없는 교육의 한계를 바깥놀이가 보충해줄 수 있어서다.

야외학습의 교재의 대상은 주로 자연이다. 노란 은행잎이 유난히 고운 11월 초 들꽃반 김 선생님은 유치원 뒤편의 나지막한 산중턱을 20여 명의 원아들과 함께 탐색하기로 하였다. 산중턱에 오른 아이들은 각자가 원하는 나무를 선택하여 ○○○나무라고 자기 이름을 종이에 적어 걸었다. 그리고 나뭇가지를 모아 겨울 채비를 위한 개미집 짓기를 하며 신이 났다. 선생님과 함께 들꽃에 이름 찾아주기도 즐거운 놀이였다.

"나뭇잎이 가을이 되면 왜 붉거나, 노랗게 물들어 떨어질까요?" 선생님의 질문에 아이들은 너도나도 대답한다.

"나무가 쉬고 싶어 나뭇잎을 버려요."

"땅이 추울까 봐 이불을 만들어 덮어주려고요."

그럴듯한 상상을 쏟아냈다.

"정말 멋진 생각을 했구나. 날씨가 추워지면 나무는 낙엽으로 잎을 떨어뜨려 겨울 추위에 견디며 살아갈 수 있단다. 그리고 나뭇잎은 흙을 덮어 땅속 생명들도 보호하고 더불어 살 수 있지."

선생님의 설명을 듣고 아이들은 내 것에 욕심내기보다 친구들과 나누며 쓸 때 더 행복할 수 있다는 사실도 배우게 된다.

《맛지마니까야》〈비유법의 품〉을 보면 더욱 이해를 가능케 하는 부처님 말씀이 있다.

"수행승들이여, 그대들은 그대들에게 속하지 않은 것을 버려라. 그대들이 그것을 버리면, 그대들에게 영원한 이익과 행복이 될 것이다."

내 것이 아니거든 과감히 버리라는 부처님의 가르침은 중생의 탐욕적인 속성을 혜안으로 파악하시고 그 어리석음에 연민을 느껴 말씀하신 게 아닐까 한다.

나는 30년을 거주했던 경주를 떠나 고향으로 이사를 왔다. 묵은 짐을 정리하며 그간 내가 이렇게 많은 물건을 소유하고 있었구나 하고 스스로도 놀라웠다. 아까워서 버리지 못하고 30년을 쌓아두었던 소중했던 물건이 갑자기 귀찮은 존재로 보이기 시작한 것은 아들의 설득이 크게 작용했다.

"엄마, 오래된 낡은 것에 너무 집착하지 마세요. 1~2년 동안

한 번도 사용하지 않은 물건은 필요한 다른 사람이 쓰도록 주는 것도 보시예요."

아들의 말 따라 아끼던 책은 대학 도서관에, 그 밖의 오래된 책들과 옷, 그릇, 가구들은 아파트 분리수거장으로 각각 용도에 따라 물건을 정리하고 나니 2/3는 버린 것 같다. 그런데 웬걸 마음이 이처럼 가볍다니, 그간 나를 짓눌렀던 마음이 뻥 뚫린 듯 시원하고 편하지 않는가. 버리는 데서 오는 해방감을 체험하는 순간이었다. 바로 이것을 부처님께서 지적하셨구나.

"사랑은 상실이며 단념이다. 사랑은 모든 것을 남에게 주어버렸을 때 가장 중요하다"는 어느 명언처럼 들판에 나무도 나뭇잎을 보내야 할 때를 알고, 풀잎도 생존방식을 알며 순응하는데 '만물의 영장인 인간은 참으로 욕심 많고 무지하구나'를 집을 옮기면서 다시금 깨달았다.

비움(空)의 진리에서 보면, 인간은 본래 채우기보다 비우면서 살 때 더욱 행복할 수 있음을 잠시 잊고 살았는데 자연은 이를 늘 실천하고 있었다. 내 자녀가 가끔은 좁은 교실을 벗어나 교실 밖 세상에 눈과 귀를 기울이도록 돕자. 인간이 줄 수 없는 삶의 교훈과 자연의 섭리를 배울 수 있으니 결코 낭비가 아닌 이익이며 행복일 것이다.

7

눈높이 경청과
생각 소통법

아이는 성인과는 다른 시각에서 세상을 보고 접촉하기도 한다. 따라서 부모가 아이 말에 귀 기울이지 않으면 아이의 생각이나 감정을 제대로 파악할 수 없다. 더구나 영유아기는 눈(眼), 귀(耳), 코(鼻), 혀(舌), 몸(身), 뜻(意)의 여섯 가지 감각기관인 육근을 사용해 소통한다는 점에서 부모가 아이를 바르게 이해하고 돕는 방법을 불교적 관점에서 다양하게 소개한다.

아울러 일상생활이 서툴고 가끔 실수를 하는 십대들이 부모의 그늘에서 벗어나 독립적으로 행동하길 원할 때 부모가 당황하기보다는 십대의 특성인 정체성 확립에 대한 강한 의지와 반항적인 심리 현상을 이해한다면 보다 융통성 있고 민감한 대응을 하게 될 것이다.

7장은 부모가 유아기 자녀에겐 유아의 눈높이에서, 십대 자녀에겐 십대 수준이 되어 원만한 소통을 이루어나가는 부모의 경청법과 대응 방식을 다룬다.

육근 경청법

"아니, 아직도 저런 폭행교사가 아이를 가르치고 있다니 어이가 없네."

인천에 있는 한 어린이집 교사의 폭행 동영상을 TV로 시청한 국민 모두가 충격과 함께 쏟아낸 말이다. 폭행 원인은 매우 단순하게도 4세 여아가 점심으로 내준 김치를 먹지 않았다는 것이었다. 이 사건을 접하며 문득 어려서 즐겨 본 이솝우화 〈해님과 바람 이야기〉가 떠올랐다.

어느 날 바람과 해님이 지나가는 나그네의 외투를 벗기는 내기를 했다. 먼저 바람은 온 힘을 다해 나그네에게 거센 바람을 불었다. 하지만 그럴수록 나그네는 옷깃을 붙잡고 온몸으로 외투를 벗지 않기 위해 노력했다. 이번에는 해님이 방긋 웃으며 따뜻한 햇살을 나그네에게 내리쬐었다. 그랬더니 나그네는 더워서 스스로 외투를 벗어던졌다.

이야기는 나그네 옷을 벗기는 시합에서 해님의 따사로움(溫氣)이 바람의 매서운 추위(寒氣)를 이긴다는 내용이다.

교사나 부모도 아이를 지도하면서 강요나 위협적인 행동보다 따뜻한 교감이나 대화가 더 아이 마음을 열어주고 소통할 수 있다는 교훈을 여기서 얻을 수 있다.

대부분의 유아는 유아교육기관에 다니며 일정시간 동안을 보호와 교육을 받는다. 교육기관은 아이가 활동하는 동안 안전은 물론 건강 놀이 교육 등 모든 면을 책임지고 최선을 다해 그 역할을 하게 된다. 그러나 일단 시설에서 귀가한 아이는 부모의 책임에 들어간다.

부모는 아이를 반갑게 맞이하고 간식을 먹이며 대화를 통해 하루의 활동을 파악하는 것이 필요하다. 이를테면 아이가 오늘 하루 선생님이나 친구들과 즐거운 시간을 보냈는지, 시설에서 어떤 일들을 경험했는지 등을 편안하게 물어보아야 한다. 일반적으로 그 유아교육기관의 수준이 어떤가를 판단하려면 먼저 말하는 아이들의 표정이 밝고, 선생님에 대한 좋은 느낌을 자주 언급하며, 친구와의 놀이 경험을 조잘대며 이야기하고 싶어 하는지를 보면 알 수 있다.

모든 사람은 입으로만 말하는 것이 아니라 온몸으로 말하는데 유아기는 더욱 그렇다. 부모가 아이의 말을 잘 들으려면 이 시기의 언어 패턴을 잘 알아야 한다. 특히 어린아이일수록 어휘력과 언어전달 능력이 부족하여서 단지 언어만으로는 그들이 느끼고 생각하는 모든 내용을 다 전달할 수가 없는데 이때 손쉽게 사용하는 것이 온몸의 기관들이다.

부모는 아이의 이러한 대화 특성을 잘 알고 아이가 표현하는 말의 의미를 정확히 파악하려면 '육근경청법'으로 들어야 한다. 육근경청법이란 여섯 가지 기관인 눈·귀·코·입·몸·생각을 이용하여 말의 숨은 의미까지 듣는 것이다. 아이들은 언어 이외에 얼굴 표정, 눈 흔들림, 코 찡그림, 몸 움직임과 같은 육근을 이용하여 마음을 표현한다. 그러므로 부모가 아이의 마음을 정확히 잘 이해하려면 육근의 소리를 같이 들을 수 있어야 하는 것이다. 예를 들어 말하는 아이의 표정이 굳어있고 몸을 움츠리며 목소리엔 힘이 없고 눈빛이 흔들린다면 아이는 무언가에 두려움을 느끼며 긴장하고 있음을 드러내는 것이다.

이때 부모가 따뜻한 시선과 음성으로 "오늘 뭔가 무서운 일이 있었구나. 엄마에게 말해주겠니?"라고 말하며 안심하라는 듯 어깨를 토닥거리거나 껴안으며 말해준다면 아이는 자신이 이해받고 있다고 느끼기 때문에 안심하고 두려웠던 마음을 표현하는 용기가 생긴다. 아이와 대화하는 가운데 부모는 아이의 감정에 귀 기울이며 칭찬할 일은 칭찬해주고 위로할 일은 위로해줌으로써 마음의 피로나 불편함을 치유해주어야 아이가 밝고 건강하게 자라날 수 있다.

이와 같이 부모는 아이와 많은 대화를 나눔으로서 마음을 교류하고 정서적인 친밀감을 쌓아가는 가운데 아이의 마음 상처를 해결해주며 서로의 이해 폭도 넓힐 수 있다. 그러나 어떤 부모들은 자신이 원하는 것, 듣고 싶은 것만 들으려 한다. 그래서 아이가 하는 말을 정확히 못 듣고 아이가 무언으로 전하는 중요한 메시지들, 예를 들어 두려움이나 왕따 당하기, 폭행에 시달리는 등을 놓쳐서 도움이 필요한 아이에게 도움을 주지 못해 두고두고 후회할 수 있다.

이런 점에서 소중한 이의 말을 듣듯 아이의 말에 귀 기울이는 육근 경청은 심층의 마음을 읽고 헤아리는 '자애의 대화법'이라 할 수 있다.

아기의 작은 외침

언제부터인지 우리 곁에 다가와 낯익어진 소리 그것은 '카톡'이다. 이젠 바로 옆에 있는 친구와도 카톡을 한다니 현대인들은 스마트폰 없이는 단 한순간도 견딜 수 없어 보인다.

1월 어느 날 동대구에서 완행열차를 타고 집에 오는 중 '신문을 볼까 아님 그냥 편히 쉴까?' 생각하던 내 시야에 아기를 안은 한 젊은 엄마의 모습이 들어왔다. 무료함을 달래기 위해서였는지 앞좌석의 이 엄마는 스마트폰을 꺼내 갓난아기의 뒷머리에 대고 열심히 터치하기 시작했다.

승객의 시선이 앞을 향하고 있으니 서있는 그 엄마의 행동은 자연스럽게 사람들의 시선을 받게 되었는데도 아기엄마는 전혀 아랑곳하지 않고 스마트폰의 영상에 빠져 입가에 미소까지 머금고 있다. 그 순간 보채는 아기나 아기 건강을 위협하는 전자파는 없고 오직 스마트폰이 제공하는 영상의 즐거움과 재미만 있어 보였다. 만일 아기가 말을 할 수 있었다면 아마도 이렇게 외치지 않았을까?

"엄마, 머리가 아파요! 제발 전자파가 닿지 않게 내 머리를 보호해주세요."

목적지에 도착했는지 비로소 스마트폰을 접고 열차를 총총히 빠져나가는 아기 엄마의 뒷모습을 보며 시계를 보니 40여 분이 흘렀다. 과연 이 엄마는 아기 뒷머리에서 40여 분을 사용한 스마트폰이 무해하다고 믿는 걸까? 하기야 어느 엄마가 아기의 뇌에 해롭다는 행동을 일부러 하겠는가! 아기가 직접 한 것은 아니니 괜찮다고 믿었겠지만 전자기기의 재미에 빠져 그 부작용은 외면하는 인간의 무신경도 새삼 놀랍다.

최근 스마트폰과 '디지털 치매'의 연관성을 발표한 연구 결과들이 증가하고 있다. 어린이의 머리뼈는 성인보다 얇아 전자파로 인한 해가 더 크므로 주의해야 한다는 의학적 견해도 있다. 유럽은 10세미만, 일본은 초등학생의 스마트폰 전자기기 사용을 아예 규제하고 있다. 그런데 한국은 어떤가?

지능이 발달하고 똑똑해진다는 믿음으로 1세 영아의 손에도 스마트폰을 쥐어주며 오히려 권장하는 분위기다. 아이는 부모가 의지의 대상이다. 엄마가 하는 어떤 행동도 설령 그것이 자기를 해치는 일이 될지라도 무조건 믿고 따른다. 그래서 부모는 더욱 슬기롭고 현명한 판단으로 자녀를 돌보아야 할 책임이 있는 것이다. 그러나 어리석게도 인간은 자신이 하는 일은 항상 옳고 바르다고 믿기에 남의 조언이나 충고는 흘려버린채, 평생 자기가 원하는 욕망에 끄달리는 삶을 산다.

인간의 이런 심리적 약점을 잘 인지하신 부처님은 어떻게 정신을 쓰며 살아가는 것이 번뇌를 일으키지 않으며 행복하게 사는 길인지를 깨우쳐주셨다. 《맛지마니까야》〈모든 번뇌의 경〉에서 살펴본다.

"수행승들이여, 정신활동을 기울이고 있지만 정신활동을 기울이지 말아야 할 것들은 어떠한 것인가? 수행승들이여, 어떠한 것들에 정신활동을 기울이면, 아직 생겨나지 않은 감각적 쾌락에 대한 욕망의 번뇌가 생겨나고 이미 생겨난 감각적 쾌락에 대한 욕망의 번뇌가 증가하고, 아직 생겨나지 않은 존재의 번뇌가 생겨나고 이미 생겨난 존재의 번뇌가 증가하고, 아직 생겨나지 않은 무명의 번뇌가 생겨나고 이미 생겨난 무명의 번뇌가 증가한다면, 그것들은 정신활동을 기울이고 있지만 정신활동을 기울이지 말아야 할 것들이다."

우리는 과연 제대로 정신을 쓰며 살고 있는지 혹여나 잘못된 길을 가면서도 무지해서 인식하지 못하고 번뇌 가득한 삶을 살고 있지는 않은지 반성하고 숙고할 일이다.

부모가 누리는 감각적 쾌락이 자신은 물론 자녀에게도 갖가지 폐해와 번뇌로 작용할 수 있다고 예측할 수 있어야 한다. 부모라면 절제도 할 수 있어야 한다. 욕망을 절제하지 못해 돌이킬 수 없는 불행과 과보를 자초하지 않도록 사려 깊게 판단하고 행동해야 할 것이다.

내 방은 치우지 마세요

학교에서 돌아온 민철이가 엄마에게 소리친다.

"엄마가 또 내 방 손댔지? 내 방 물건은 건드리지 말라고 했잖아요?"

"건드리긴 내가 뭘 건드려, 방이 너무 더러워 청소한 것밖엔 없고만."

"내가 해놓은 대로 그냥 두지! 엄마가 모두 엉망으로 해놨잖아요?"

열심히 방을 청소해주고 고맙다고 인사듣기는커녕 오히려 방을 어지럽혔다고 아이의 원망만 들었다. 열세 살인데도 여전히 정리정돈을 못하고 방을 어질러서 신경이 쓰이는데 도리어 화를 내니 엄마도 불끈 열이 솟는다.

이 날도 엄마는 '내가 정리해주지 않으면 이 방은 아마 쓰레기장 같을 거야'라는 생각에 아이 책상 위에 제멋대로 엎어져 있는 책들을 정리하고 옷을 걸어놓고, 방 구석구석 먼지를 털어내고 물걸레로 깨끗이 닦아놓았다. 피곤해도 저를 생각해서 열심히 청소를 해주었건만 돌아온 반응은 아이의 짜증이어서 배신감마저 들었다.

그런데 과연 아이도 엄마와 같은 생각을 할까? 한마디로 '아니다.' 아이 입장에서는 읽던 책 페이지를 쉽게 찾기 위해 일부러 엎어 놓았는데 엄마가 덮어서 어딘지 책장에 꽂아버렸다. 외우기 쉽게 공식을 적어놓은 쪽지들은 보이지 않는다. 아마 쓰레기인 줄 알고 엄마가 버린 모양이다. 자기 방 물건은 학교에서 돌아올 때까지 그대로 있는 것을 더 좋아하는 아이 마음은 아랑곳하지 않고 엄마가 마음대로 방 질서를 무너뜨린 것이다.

아이는 엄마가 자기 방 물건들을 이것저것 바꾸어 놓고 엄마식으로 정리하는 것이 불편하고 귀찮다. 사실 타인의 눈에는 지저분해 보일지라도 당사자인 본인의 시각으로는 나름의 질서와 체계가 있기 때문에 전혀 불편하지 않을 수 있다. 따라서 사춘기 자녀의 방을 당사자의 허락 없이 부모식으로 정리하는 건 환영받지 못할 행동이니 피하는 게 낫다.

엄마와 자녀는 서로의 관점 차이로 인해 양육과정에서 크고 작은 문제와 갈등을 끝없이 일으키곤 한다. 그런데 문제는 부모나 자녀 모두가 상대의 생각이나 관점을 이해하거나 알려고 하지 않을뿐더러 자기 관점만이 옳고 상대는 지금 잘못 생각하고 있으니 고쳐주어야 한다고 굳게 믿기 때문에 타협이 없는 고집만 주장하게 된다.

십대에 접어든 아이들은 자신만의 공간을 소유하고 싶다. 그 안에서는 누구의 방해도 받지 않고 자유로이 상상하고 행동하며 살아가길 원한다. 그러나 부모 입장에서는 자녀가 어느 정도 성장하기까지는 내 품 안에 있으면서 나의 도움과 통제를 받아야 한다고 생각한다. 전혀 틀린 말은 아니다. 십대라 할지라도 부모의 도움이 여전히 필요한 시기다. 하지만 부모가 십대였던 시절을 기억하는가? 더 이상 어린 아이는 아니지만 아직 어른도 아니었던 시기, 부모와 의견 차이로 속상하고 많은 정서적 혼란을 겪었던 시기라고 기억할 것이다.

우리의 십대 자녀들도 마찬가지다. 비록 실수는 하지만 부모의 그늘에서 벗어나 독립적으로 행동하길 원하고 자신에 대한 정체성을 확립하고자 강한 주장을 하게 된다. 그러므로 십대 자녀를 둔 부모는 아이의 눈높이에 맞게 변화할 필요가 있다.

자녀에게 부모의 관점에 맞추라고 강요하기 보다는 부모가 먼저 아이 수준으로 대하는 넓은 아량을 키워야 한다. 유아기 자녀에겐 유아 수준이 되고 십대 자녀에겐 십대 수준이 되어 대화를 나눌 수 있을 때 아이들은 부모와 말이 통한다고 생각하여 자신의 마음을 털어 놓게 되는 것이다.

예를 든다면 민철이 엄마는 학교에서 돌아온 아이에게 이렇게 말할 수 있다.

"엄마가 오늘 네 방에 들어가 바닥을 좀 청소했는데 책상 위에 있는 책들은 네가 일부러 그렇게 놓아둔 것 같아 만지지 않았단다."

아이를 배려하고 인격적으로 존중해주는 엄마의 태도에 아이는 편안함을 느낄 것이다.

《상응부경전》의 말씀이다.

"우리 집에 있어 친구는 어머니이다."

친구란 순수한 우정을 나타내며 불교의 '자慈'의 개념이기도 하다. 즉 불교에서의 '자'는 자애로움의 뜻을 담고 있다. 그러므로 친구 같은 어머니는 자녀와 우정을 나눌 만큼 친근한 벗이요, 같은 길을 가는 도반이다. 부처님은 부모가 아이를 자애로움으로 깊이 감싸주며 소통하라고 깨우침을 주고 있다.

엄마하곤 말이 안 통해요

알레르기 체질인 준영이가 요즘 들어 부쩍 콧물과 재채기를 하며 괴로워한다. 아마도 요즘 부쩍 심해지고 있는 미세먼지 때문인 것 같아 부모님은 공기청정기를 구입하여 가족 건강을 돌보기로 정했다. 그리고 제품의 종류, 기능, 가격에 관한 정보들은 컴퓨터에 능숙한 준영이가 맡아 수집하기로 했다. 인터넷 서핑을 통해 여러 제품을 검색한 준영이가 드디어 부모님께 동영상을 포함한 자료들을 보여주며 설명하는 날이다. 컴퓨터 화면의 영상에선 수많은 미세먼지들이 원을 그리며 공기청정기안으로 빨려 들어가는 모습이 마치 자연의 신비를 체험하는 듯 멋지고 환상적이었다.

"어때요, 멋있지 않아요?"

준영이의 표정에 뿌듯함이 가시기도 전 엄마가 질문했다.

"근데 이 광고를 그대로 믿을 수 있을까?"

"그럼 사지 마세요. 하아… 엄마하곤 도대체 말이 안 통해요."

인정받고 싶었던 준영이는 실망했다. 볼멘소리로 화풀이를 한 뒤 엄마의 변명에도 불구하고 더 이상의 소통을 거부했다.

이제 우리는 진정한 소통에 대해 생각해보아야 한다. 서로 말을 많이 하는데도 불통이라고 느끼는 이유가 무엇인지 알아야 한다. 말이 많다고 해서 그것이 곧 소통을 의미하는 것은 아니다. 그만큼 현대는 소통이 요구되는 불통의 시대인지도 모르겠다.

'소통을 위한 대화'란 어떤 식의 자세와 태도를 가져야 하는지 제대로 알고 시도해야 한다. 소통의 사전적 의미는 '생각하는 바가 서로 통한다'이다. 서로의 생각이 통하는 것을 소통이라고 할 때, 생각이 서로 통하지 않으면 불통이다. 그러나 이 세상에서 나와 생각이 같고 통하는 사람이 과연 몇이나 있을까? 부부나 부모자녀와 같은 가족 간에도 각각 생각이 다른데, 하물며 타인과의 생각이 다른 것은 말할 나위도 없다. 그렇다고 해서 모두 소통을 포기할 순 없기에 개성이 톡톡 튀는 현대인들에게 소통은 정말 어려운 과제임에 틀림없다.

이제 소통은 이 시대의 화두이며 매너가 되었다. 그러려면 대화 기법이나 원리 정도는 알아야 하지 않겠는가? 나와 상대의 생각이 다름을 왜 인정하지 않는가? 상처 준 상대에게 내 감정을 솔직하게 털어놓거나 상대의 억울함, 슬픔, 미움, 증오심 등의 감정을 공감하는 게 왜 힘들까 등을 알아야 한다.

부처님은 소통을 방해하는 가장 큰 이유를 나를 내세우는 '아상我相'에 두었다. 내가 중심에 있으면 그 밖의 것은 이미 관심의 대상이 아니다. 그러니 상대의 감정을 공감하고 배려하기는 쉽지 않다. 소통은 지시, 명령, 강요와 같은 일방적 진행을 배제한 상호작용일 때 가능하다. 상대의 생각을 충분히 경청하고, 놓여진 입장을 이해하려 노력하며, 감정을 최대한 공감하는 과정을 통해 서로의 '다름'을 포용, 수용하는 매너가 바로 소통의 기본 자세다.

이는 소통의 대가이신 부처님이 사용한 기법이기도 하다. 부처님은 상相이 없는 상태에서 언제나 진리로써 대화를 전개하신 분이며, 아상을 세우지 않으므로 있는 그대로의 상대를 인정하고 바라보는 소통의 진면목을 보여주신 분이다.

《앙굿따라니까야》를 보면 소통을 방해하는 어리석은 자의 특징 세 가지가 소개되고 있다.

"수행승들이여, 어리석은 자는 이치에 맞지 않게 질문을 하고, 이치에 맞지 않게 질문에 응답하며, 다른 사람이 구체적이고 적절하게 질문에 응답해도 만족하지 않는다."

부처님의 이 말씀은 부모들이 흔히 간과할 수 있는 대화의 기본 매너에 대한 교훈이다. 이를 테면 준영이 엄마는 다양한 정보를 수집한 아들에게 고마웠지만 정작 수고했다는 말은 생략한 채 원하는 질문만 불쑥 던지는 어리석음을 범했고, 준영이도 엄마의 설명은 아예 들으려 하지 않고 자기 감정에 휩싸여 소통을 거부하니 또한 어리석은 일이다. 결국 경청과 공감의 상호작용을 하지 못하고 일방적이고 충동적인 '자기 감정 표출'만으로 소통을 단절시킨 것이다.

그보다는 "와! 정말 멋지다. 우리 아들 정말 많이 검색했구나, 수고 했어." 이렇게 아들의 노력에 부모의 느낌을 솔직하게 표현하고 감탄사를 발하며 칭찬해보라. 준영이는 자신의 노력을 부모에게 인정받고 가정에서도 자신의 존재 가치를 뿌듯해 하며 행복을 맛볼 것이다. 이것은 부모가 자녀에게 주는 가장 멋지고 가치 있는 행복선물이다. 만일 광고에 의심나는 부분이 있거든 그다음에 물어도 된다. 준영이는 틀림없이 자기가 아는 범위 내에서 최선을 다해 열심히 설명할 것이다.

자녀가 어려서는 부모의 일방적 지시에도 순종적으로 따라하지만 자아가 발달하면서 자기주장이 강해지면 모든 것의 중심이 나(我)가 되므로 내 관점, 내 생각을 방해하는 어떤 일에도 쉽게 방어적이 될 수 있다. 관계에서 서로의 주장이 강할수록 소통은 커녕 불화만 심화된다. 그래서 소통은 나를 오롯이 내려놓고 상대의 입장에서 배려하고 존중하는 고도의 '마음수행'을 요한다.

정신적 배고픔, 무엇으로 채울까?

고등학교 1학년인 기석이는 선생님에게 "요즘 특히 잠시라도 제 옆에 스마트폰이 없으면 불안해서 견딜 수 없어요. 하루에 5시간씩 야동이나 야한 사진을 보며 수업 중에도 아예 스마트폰에 저장해 놓고 감상하곤 해요"라고 털어놓았다.

기석이는 지금의 습관이 문제라는 걸 잘 알고 있지만 혼자 힘으로는 고칠 수 없을 정도로 집착하는 스스로의 행동에 불안해하고 있다.

지금 우리 사회는 기석이와 같은 아이들이 급속도로 증가하고 있다. 몇 해 전 10세~19세의 아이들을 대상으로 한 실태조사에서 약 20%가 스마트 폰 중독을 호소했다. 하루 평균 7시간 이상을 사용한다는 보고는 아이들의 건강과 정서가 얼마나 심각한 위협을 받고 있는지 구체적으로 밝혀주었다. 그런데 더 큰 문제는 자신의 스마트폰 사용에 부모가 무관심하다고 대답한 청소년도 31.5%나 된다는 한국정보화진흥원의 인터넷 중독 실태조사다. 자녀의 공부, 성적 등에는 그토록 열성이던 부모들이 자녀의 스마트폰이나 인터넷 사용에는 거의 방치하고 있다는 점이 더욱 놀랍다.

왜 아이들은 기석이와 같이 스마트폰이나 게임에 푹 빠지게 되는 걸까? 그 원인은 유아기에서부터 시작된다. 어린 시절 가정에서 부모에게 따뜻한 관심을 받지 못한 채 소외되고 외로운 시간을 보낸 나머지 나름대로 즐거운 시간을 찾는 방법으로 택한 것이 아이 수준의 게임이고 오락이었던 것이다. 어찌 보면 아이들은 어른들의 희생양이기도 하다. 부모가 바쁘다는 핑계로 자녀를 여러 학원으로 돌리는 동안 아이는 길거리의 유혹에 노출되고 만다.

스마트폰에 중독되어 있는 아이들은 사실은 '정신적 배고픔'을 달래고 있는 중이다. 공부로 스트레스를 받거나 위축되어 있는 아이들에게 스마트폰에 몰입하는 시간만큼은 재미도 만끽하면서 동시에 누구의 간섭도 받지 않고 주인공이 되어 자기만의 시간을 누릴 수 있으니 금상첨화다.

그러나 재미에는 양면성이 있다. 재미를 잘 활용하면 창조적인 아이디어가 나오지만 과용하면 파멸의 길을 겪는 지름길이 되기도 한다. 아이들은 자신의 행동을 스스로 제어하고 통제할 만큼 자기조절능력이 발달되어있지 않으며 청소년기는 매우 충동적이고 열정적인 특성으로 인해 어떤 일에 쉽게 중독될 수 있다.

중독은 재미에 집착한 상태를 말한다. 정신적으로 배고픈 아이는 재미에 쉽게 집착한다. 몸이 배고프면 음식을 통해 해결할 수 있지만 마음이 배고프면 관심과 위로를 받아야 충족이 되는데 부모가 이를 채워주지 못하니까 게임이나 오락 등으로 정신적 허기를 채우고 있다. 이것이 집착이며 중독증이다.

부처님께서는 《금강경》에서 인간의 모든 괴로움은 집착에서 비롯된다고 말씀하셨다. 그럼에도 어리석은 중생은 진리의 말씀보다는 탐욕과 집착의 무상함을 외면한 채 오늘도 스마트폰 안의 영상이나 게임의 가상세계에서 정신적 배고픔을 달래고 있다. 그러나 감각적인 재미는 만족이 없고 점점 더 자극적인 쾌락의 욕망만을 키워갈 뿐이다. 그렇다면 아이들의 정신적 배고픔은 무엇으로 채울 것인가? 그것은 부모의 따뜻한 관심과 사랑이다. 아이와의 즐거운 시간을 만들고 따뜻한 대화도 나누어보자.

가족의 일원으로 아이를 수용하고 "넌 우리에게 소중해"라는 말을 들려주며 품안에 꼭 껴안는 부모의 진정성이 아이에겐 필요하다.

놀이식 교육은 노는 것과 다르다

파릇파릇 돋아나는 새싹과 함께 3월의 봄기운이 완연해지면 유치원은 갓 입학한 유아들로 활기가 넘친다. "우리 친구들, 교실이나 복도에서 뛰어다니면 될까요, 안 될까요?" 주의를 주는 교사의 말은 순간일 뿐 호기심 많은 아이들에겐 볼 것 만질 것 등이 많아 얌전히 걸을 수가 없어 뛰어다닌다.

유아기는 골격과 대소근육이 상당히 발달하는 만큼 몸을 통제하고 이동하는 걷기, 달리기, 뛰기, 오르기, 던지기 같은 활동이 다양하게 증가한다. 그래서 유치원은 유아의 발달 특성을 고려한 놀이 중심의 교육을 중시한다.

"나비처럼 날아보자 훨훨, 메뚜기처럼 뛰어보자 폴짝 폴짝, 지렁이처럼 기어보자 꿈틀꿈틀, 날아보고 뛰어보고 기어보자."

교사와 함께 동요를 부르며 양손을 나비의 날개처럼 벌려 훨훨 날아도 보고 메뚜기처럼 폴짝 폴짝 높이 뛰어도 보며, 지렁이처럼 바닥에 엎드려 이리저리 기어보는 놀이 활동을 유아들은 아주 좋아한다.

"나도 메뚜기처럼 높이 뛸 수 있어요~라고 생각하는 친구들은 앞으로 나와 보세요."

교사가 유아의 끼를 친구들 앞에서 뽐내보도록 기회를 주면서 아이는 자신감과 발표력을 키운다. 동물들의 모습이나 특성에 관해 함께 이야기 나누고, 이를 그림으로 표현해보는 활동을 통해 왜 사람과 다른 생명체가 서로 조화롭게 더불어 살아가야 하는지도 배운다. 따라서 '놀이식 교육'을 맹목적으로 '논다'와 혼동해선 안 된다. 아이의 영혼은 티 없이 맑고 순수하여 교사와의 어떤 경험도 그대로 흡수한다. 교사의 말 한마디 행동 하나가 아이들에게는 '선생님처럼 이렇게 말하고 행동하는 거예요!'라는 모델이 되는 만큼 유아 교사의 자질이나 역할은 늘 부모의 주목을 받을 수밖에 없다.

"오늘 유치원에서 재미있었어? 뭘 배웠니?" 귀가한 아이에게 궁금한 것이 많았던 엄마의 질문에 대부분의 아이는 곤욕스러워 한다. 왜일까? 재미있게 놀았던 기억은 있으나 이를 구체적으로 설명하기엔 언어 표현에 한계가 있기 때문이다. 그러므로 "뭘 배웠니?"보다는 "어떤 노래를 배웠니?"라고 대답이 가능한 구체적 질문을 해보자. 아이는 양손을 활짝 벌려 나비를 표현하고 거실 바닥을 기어가는 지렁이를 흉내내며 뭔가를 보여줄 수 있는 자신을 뿌듯해할 것이다.

"아, 나비처럼 날았구나! 신났겠다." 아이의 행동에 엄마의 긍정적 공감은 매우 중요하다. 그 이유는 엄마가 아이의 하루생활을 가치 있게 보며 '엄만, 네게 관심이 많단다'라는 일종의 메시지로 인식되기 때문이다. 이렇듯 유아에게 가장 좋은 놀이감은 값비싼 물건이 아닌 부모와의 대화이며 놀이다.

어떤 부모는 아이와 어떻게 놀아야 할지 몰라 매우 어색해한다. 그 이유는 아이에게 교육적으로 도움되는 지적놀이만을 염두에 두기 때문이다. 과연 아이는 부모와의 지적놀이만을 원하며 즐거워할까? 전혀 아니다. 그건 공부만을 염두에 둔 부모의 착각이다.

《앙굿따라니까야》〈수레바퀴의 품〉에서 이러한 의구심을 해결해주는 부처님의 말씀을 본다.

"수행승들이여, 보시하는 것, 사랑스럽게 말하는 것, 유익한 행위를 하는 것, 알맞은 모든 곳에서 함께 지내는 것, 이 네 가지 섭수는 수레바퀴의 바큇살과도 같다. 이러한 섭수攝受가 없다면 아들을 낳은 어머니와 기른 아버지도 자부심과 공경을 얻지 못하리라."

이 내용은 부처님께서 재가자인 부모의 역할을 수레에 비유하여 말씀하신 것이다. 즉 수레가 잘 굴러가려면 수레 바큇살이 흔들림 없이 고루 잘 갖추어져야 한다. 마찬가지로 화목한 부모 자녀 관계를 유지하기 위해서는 부처님이 말씀하신 네 가지 덕목을 잘 섭수하여 실천할 때 부모로서의 자부심도 느끼며 아울러 자녀의 공경도 받을 수 있다는 메시지가 아니겠는가?

여기서 섭수란 무엇인가? 사전적 의미로는 '자비로운 마음으로 중생을 거두어 들여서 보살핀다'는 뜻이지만, '어떤 사람의 행동 중 한 가지라도 좋은 일이 있다면 계속해서 그 일을 더 완전하게 하라'는 의미로 해석할 수 있다. 그런 점에서 부처님은 네 가지 덕목 중 어느 하나라도 잘 실천하는 제자가 있으면 '네가 한 일은 좋은 일이니 계속해서 더욱 착하게 하라'고 격려를 아끼시지 않았다.

이와 마찬가지로 부모도 이들 네 가지 덕목 중 어느 한 가지만이라도 실천하여 자녀와의 좋은 시간을 가져봄직하다.

이를테면 자녀가 부모와 알맞은 곳에서 함께 지내기를 원할 때 즐거운 시간을 공유하는 방법이다. 부모가 아이의 놀이에 기꺼이 참여해서 놀이친구를 해주거나, 놀이하는 아이 곁에 앉아 말없이 지켜봐주며 다정한 표정과 고개를 끄덕여주는 것만으로도 아이는 행복을 느낄 수 있다.

그런데 만일 부모가 놀이를 공부와 연관 지어 시도하려거나 놀이 방향을 부모식으로 이끌어가려 한다면 놀이의 본래 즐거움은 사라지고 오히려 나쁜 영향을 줄 수 있으니 주의할 일이다. 그래서 아이에게 가장 좋은 놀이란 발달시기에 알맞게 편안한 마음으로 즐거움을 맛보도록 단지 부모는 수동적으로 돕는 것이다.

아이의 놀이에 참여하는 부모

올해로 세 살이 된 석민이는 엄마와 함께 길을 걷다가 그만 돌멩이에 걸려 넘어졌다. 무릎이 빨갛게 부어오르고 아파오자 석민이는 울음을 터트리기 시작한다. 이를 바라보던 엄마가 아이 무릎을 만져주며 "저런 돌멩이 때문에 넘어졌구나, 아프지? 엄마가 돌멩이 맴매해 줄까?" 엄마의 위로 말에 아이는 눈물 맺힌 얼굴을 들어 끄덕인다. "네가 우리 석민이를 넘어뜨렸지? 야단맞아야겠네"라며 엄마가 손바닥으로 돌멩이를 치는 시늉을 하자 아이도 손으로 돌멩이를 때리며 "나쁜 놈아, 너랑 안 놀 거야!" 소리친다.

마음이 풀어진 듯 아이 얼굴엔 흡족한 미소까지 감돌았다. 돌멩이를 마치 또래 싸움친구처럼 여긴 것이다. 영유아기의 이런 사고 형태는 모든 사물을 살아있는 생명체로 인식하는 심리발달적 특성 때문이다. 모든 사물이나 무생물까지도 마치 가족이나 친구처럼 소중히 여기며 이야기도 나누고 화도 내는 등 상호작용한다. 민감한 부모는 유아의 이런 마음을 보다 확장시켜 놀이로 이어지게 할 수 있다.

"돌멩이에 욕하고 때렸을 때 돌멩이는 어떤 마음이 들었을까?"라는 질문으로 아이는 상대방의 입장에서 마음을 헤아려보는 기회를 갖게 된다. 아이가 돌멩이도 자기처럼 슬퍼서 울었을 거라고 생각할 수 있다면 아이는 지금 남을 이해하는 사고의 폭이 한 단계 확장되었음을 의미한다. 이것이 놀이의 가치다. 자비나 보시는 이런 어린이의 순수한 마음이 잘 가꾸어져 성숙된 마음 상태다.

아이의 하루는 놀이로 이루어진다. 아이는 어떤 목적을 가지고 놀이하지 않는다. 놀이 그자체가 즐거움을 주기 때문이다. 아이가 만나는 모든 사물은 놀이친구요, 놀이감이 된다. 놀이에 흠뻑 빠져 노는 가운데 아이는 신체·인지·정서·사회성 발달도 이루어지므로 놀이의 보너스인 셈이다.

즐거운 놀이 활동을 위해 가장 훌륭하고 좋은 놀이친구는 누구일까? 바로 부모다.

아이는 부모의 관심과 사랑이라는 정신적 양분을 먹고 자라기에 마음은 늘 부모를 향한다. 그런 부모가 아이의 놀이친구가 되어 즐겁게 놀아준다면 얼마나 행복하고 안심이 되겠는가?

앞의 〈수레바퀴의 품〉에서 살펴보았듯이 부처님은 부모가 자녀에게 자부심과 공경을 받는 길은 보시, 사랑스럽게 말하기, 유익한 행위를 하기, 알맞은 모든 곳에서 함께 지내기와 같은 네 가지 방법을 들어 설명해 주셨다. 이들 네 가지 방법은 부모가 아이 수준에 따라 다음의 놀이 활동으로 전개할 수 있다.

첫째, 보시란 상대가 원하는 것을 주는 것이다. 아이가 부모에게 원하는 것은 무엇일까? 부모의 관심과 사랑이다. 그리고 놀이에선 놀이친구가 되어주는 일이다. 모든 아이는 부모의 관심

속에 안심하고 즐겁게 놀고 싶다. 부모가 아이 이름을 다정하게 불러주거나 환한 표정으로 바라보는 것은 '너는 나에게 정말 소중한 아이란다'라는 관심을 담고 있기에 아이는 행복한 기분이 된다.

아이와 함께 노래를 부르고, 블록 쌓기 같은 놀이에 부모가 놀이친구로 참여한다면 아이는 흥분할 정도로 좋아하며 큰소리로 자신감을 드러내 자랑하려 한다. "엄마! 난 이것도 넘어뜨리지 않고 잘 쌓을 수 있어요." 이렇게 말하는 아이는 '지금 난 굉장히 즐거워요' 하는 마음을 표출하는 것이다. 이처럼 어린이는 사소한 일에서도 만족과 행복을 느끼는 순수하고 맑은 동심의 아기 부처들이다. 행복한 마음일 때 두뇌 기능은 더욱 활성화되고 유능감과 창의력도 발달하니 그런 차원에서 동심에 부합하는 부모의 놀이참여는 훌륭한 놀이보시가 된다.

둘째, 자녀를 향해 다정하게 말하며 미소를 짓는 일은 '난 너를 사랑해'라는 표현이다. 자녀의 실수에도 나무라지 않고 부드럽고 친절한 말로 격려해주는 부모를 보며 아이는 자기가 인정받고 있다고 확신한다. 놀이는 사랑과 즐거움을 전제로 상호작용하기에 놀이 중 부모의 비난이나 거친 말은 아이를 위축시키며 놀이도 방해한다.

웃기만 잘해도 성공할 수 있다는 말처럼 웃는 얼굴은 누구에게나 호감을 주고 친근감을 주기 때문에 좋은 인상을 준다. 더구나 자녀를 향한 부모의 미소는 자주 보일수록 좋으며 부모의 웃는 얼굴을 보며 자라는 아이는 자신도 모르게 얼굴 표정도 웃는 인상으로 변한다. 바쁜 우리의 삶에서 누가 남의 우울하고 찌푸린 얼굴을 보며 좋아하고 즐겨 상대하겠는가? 이런 점에서 웃음은 분명 원활한 인간관계를 위한 힘이며 삶에 에너지를 불어 넣어주는 활력소와 같다.

얼마 전 미국으로 이민 간 친구가 20년 만에 고국을 찾아왔다. 이 친구가 고국의 이곳저곳을 여행하면서 놀라웠던 것은 '예전과는 달리 사람들 특히 아이들의 표정이 한결같이 밝아졌고 예쁘더라'는 것이다. 오랜만에 찾은 조국이라 애정의 감정도 작용했으리라 짐작하지만 분명한 것은 예전에 비해 사회 문화적인 발달과 경제적 여유나 풍요도 큰 몫을 하지만 무엇보다도 부모의 관심과 사랑이 가져다 준 선물이라는 생각이 들었다.

셋째, 놀이는 아이에게 유익한 행위일 때 가치가 있다. 아이가 좋아하는 놀이는 자신의 발달 수준에 맞는 놀이들이다. 그것이 바로 가장 유익한 놀이이기도 하다. 흔히 부모 수준에서 교육적으로 우수한 놀이도구나 값비싼 놀이감이라 판단하여 제공하는데, 아이 수준을 넘어서는 놀이나 놀이도구는 아이에게 결코 유익하지 않다. 그보다는 아이가 놀이에 어려움을 겪을 때 부모가 그 어려움에 아이디어나 힘을 보태어 극복해 나가도록 돕거나, 지지와 격려하는 말로 아이의 자신감을 회복시켜주는 것이 더 유익하고 바람직하다.

넷째, 자녀와 시간을 자주 갖는 일은 부모의 당연한 임무다. 자녀가 원할 때는 언제든 달려와 도움을 준다는 믿음이 있어야 아이는 정서적 안정을 이루어나간다. 예컨대 부모와 함께 있기를 원하는 아이에게는 옆에 있어주는 것만으로도 편안함을 준다. 공차기나 자전거 타기를 원하는 아이에게는 놀이에 참여하여 놀이 친구를 해주는 것이 좋다. 이와 같이 자녀가 원할 때 같이 있어주는 것이 좋은 부모 역할이며, 훌륭한 놀이 친구다. 이런 긍정적인 경험이 많을수록 아이는 부모를 존경하게 되며, 건강하고 안정된 심성과 인격을 형성해 갈 수 있다.

이러한 네 가지 방식은 아이의 놀이에 참여하는 부모의 마음가짐을 제안한 것이며, 아울러 부모 자녀 관계를 돈독히 하기 위한 일상적 활동들이기도 하다.

1941.

8

인성 발달과
오계

세상의 모든 사람은 생존을 위협하고 나에게 손해를 끼치는 사람보다는 평안과 이익을 주는 사람, 즉 인성 고운 사람을 좋아한다. 안전하고 건강한 사회는 사회 구성원들의 인성이 올바르고 건강할 때 가능해진다는 사실이다.

부모라면 이 세상에서 누구를 가장 이롭게 하고 편안한 마음을 갖도록 해야 할까? 내 자녀이다. 그런 이유로 자녀 발달에 가장 주도적인 역할을 하는 부모의 인성이 바르고 성숙되어야 한다. 부모의 인성은 자녀의 바른 인성 가꾸기에 가장 좋은 모델이 될 수 있다. 그렇다면 우리가 흔히 말하는 건강한 인성의 조건은 무엇일까?

- 자신의 생각이나 감정을 잘 조절하고 통제할 수 있다.
- 자기 자신을 포함한 어떤 생명체에도 해를 끼치지 않고 존중하며 이익을 주고 배려하는 성품이다.

건강한 인성이란 세상과 잘 적응하고 조화롭게 살아가는 성품이 아닐까 한다. 이러한 성품을 가진 사람은 누가 시키지 않아도 자율적으로 바른 행동을 하고자 한다. 자기가 몸 담고 살아가는 집단이나 사회에서 정한 규율이나 규칙은 물론 법의 통제를 받는 법률에 이르기까지 많은 계율을 바르게 잘 지키고 준수한다. 그래서 건강한 인성을 가진 사람이 많을수록 그 사회는 안전하고 평화로워진다.

이런 이유로 우리 모두는 사회 구성원들의 건강한 인성을 간절히 바라는 것이며, 교육적으로도 인성 발달은 늘 주요 주제로 거론되는 것이 아닐까 한다.

　8장은 인성 가꾸기에 매우 탁월한 불교의 오계(伍戒)를 가정에서부터 생활해나가는 법을 안내한다. 그리고 인성 발달에 주된 방해 요인이 욕심내고(貪) 화내고(瞋) 어리석은(痴) 삼독심三毒心이라는 점을 감안해 이에 관련된 사례를 제시하여 부모의 시각에서 문제점을 인식하도록 했다. 부모 나름대로 해결점을 찾아갈 수 있도록 여러 가지 접근법을 소개하고 바람직한 자녀 인성 교육의 방안도 함께 논의한다.

계율을 갖춘 삶

봄 햇살이 대지 위를 따사롭게 비추는 일요일 오후 부모의 손을 잡고 공원에 산책 나온 어린 남자아이가 길 따라 설치된 운동기구 앞에 서서 "아빠, 이 기구는 어떻게 타는 거예요?"라고 묻는다.

"여기에 사용 방법이 있네, 우리 같이 읽어볼까?"

아이는 아빠와 함께 표지판의 글자를 읽으며 이 운동기구 이름과 운동 효과에 대해서도 상세히 알게 되었다. 이러한 경험을 통해 아이는 모든 시설이나 물건에는 사용 방법과 규칙이 있으며 그것을 사용할 때는 정해진 규칙을 지키고 내 물건처럼 아끼며 사용해야 한다는 것을 아빠에게 배우게 되었다.

어린 시절 부모와 공유한 경험은 오랜 세월에도 좋은 추억으로 간직될 만큼 깊게 새겨지므로 학습효과도 높다. 부모는 자녀와 좋은 추억과 동시에 교육도 하는 이런 시간을 통해 더불어 살아가는 민주시민의식 즉 남을 해치거나 방해하지 않으며 규범이나 규칙을 잘 지키면서 살아갈 때 공동체 모두가 행복하다는 점을 알릴 수 있다.

부처님 당시에도 교단이 안전하고 화합된 수행공동체 생활을 하기 위해 계율을 정하고 부처님을 포함한 출가수행자 모두 엄격히 지켰음을 알 수 있다. 마찬가지로 우리 사회도 구성원들이 정한 간단한 약속이나 규칙에서부터 법의 통제를 받는 법률에 이르기까지 많은 계율이 있으며 이 계율을 바르게 잘 지킬 때 얻어지는 덕목이 바로 인격이며, 계율을 파계하고 삶을 제멋대로 살 때 인격적 부적응자로 취급한다.

불교도라면 누구나 인격의 완성자이신 부처님과 같은 인격을 닮고자 원한다. 그리고 계율은 인격을 형성하는 기본 도리이므로 불자가 계율을 지킨다는 것은 매우 당연하며 부처님을 닮기 위한 인성의 기본 토대를 마련하는 것이라 하겠다.

《잡아함경》의 〈울사가경〉을 보면 우자아야라는 바라문이 부처님을 찾아와 법을 청한다.

"세존이시여, 집에 있는 사람이 몇 가지 법을 알고 지켜야 후세에 편안하고 즐겁게 되는지요."

이때 부처님은 재가자가 지켜야 할 믿음, 계율, 보시, 슬기(지혜)의 네 가지 행을 말씀하셨다. 그 중에서 계율에 관해 살펴보면 아래와 같다.

"어떤 것이 계율을 완전히 갖춘 것인가? 착한 이는 살생하지 않고, 도둑질 하지 않으며, 음행하지 않고, 거짓말 하지 않으며, 술을 마시지 않나니 이것을 계를 완전히 갖춘 것이라 하느니라."

부처님은 가정에서 재가자가 지켜야 할 다섯 가지 계율 즉 오계를 말씀해주셨다. 오계는 바로 불교의 도덕이나 윤리규범을 나타내는 기본적인 실천 덕목으로서 불자라면 도리에 맞지 않는 일은 하지 말고 사리에 맞는 행을 하며, 악은 멈추고 선을 닦기 위한 도덕적이고 경건한 행동 규범을 지켜야 할 것이다.

흔히 젊은 세대들은 계율에 얽매이지 않고 적당히 어기며 사는 것이 자유롭고 융통성이 있으며 창의적인 삶인 양 착각하는 사람이 있다. 그러나 나 홀로 사는 세상이 아닌 더불어 살아가는 공동체생활은 서로 존중하고 예의를 지키며 질서 있게 살아갈 때 모두가 안전하고 평화를 느낀다는 점에서 계율을 쉽게 파기하는 사람은 신뢰받지 못하거나 낙오자가 될 수 있다. 따라서 부모는 성장기의 자녀에게 인격의 기본을 이루는 계율 준수를 생활화하도록 가르쳐주어야 한다.

생명은 모두 소중해

어느 일요일 공원을 산책하던 중 서너 살쯤 되어 보이는 여자아이가 비둘기에 둘러싸여 과자를 나누어주고 있는 모습이 눈에 띄었다.

비둘기들은 먹이에 집중하는 듯해도 아이의 몸동작을 주시하며 손을 높이 쳐들기만 해도 위협을 느껴 휙 날아가 버리므로 아이가 허리까지 굽혀가며 조심스럽게 먹이를 주는 모습이 마치 한 폭의 수채화처럼 맑고 아름다웠다.

아이는 지금 다른 생명체들과 조화를 이루며 살아가는 법을 배우는 중이다. 만일 이 아이가 비둘기를 발로차거나 때렸다면 보는 이의 시선은 틀림없이 곱지 않았을 테지만 생명을 사랑하는 모습이 보는 이들로 하여금 흐뭇한 공감을 불러일으켰다. 이것이 바로 우리에게 내재한 '생명존중감'이다. 인간의 유전자속에는 모든 생명체와 상호의존적으로 살아가야 한다는 정보가 깔려 있다. 그래서 다른 생명체를 아끼고 사랑하는 모습엔 흐뭇해지고 괴롭히는 장면을 보면 불쾌해진다.

불자들이 지켜야 할 오계 중 불살생은 인간은 물론 일체 미물의 생명까지도 존엄하다는 불교의 생명관이 잘 드러나 있는데 《증일아함경》〈삼공양품〉은 살생의 해악을 다음과 같이 전하고 있다.

"지혜로운 자는 스스로도 살생하지 않고, 남을 시켜서도 살생하지 않으며, 남의 살생하는 것을 보면 마음으로 좋아하지 않는다."

이와 같이 부처님은 모든 존재가 상호의존적으로 연결되어 있기 때문에 어떤 식으로든 다른 생명체를 해치는 살생은 해악이라는 신념으로 살생 금지를 강조했다. 이를 《법구경》에서도 "모든 생명은 죽는 것을 두려워한다"고 뒷받침한다.

나 자신을 포함해 이 세상 모든 생명체는 죽음을 싫어하며 살아있기를 원한다. 내가 살아있기를 원하는 만큼 다른 생명체도 살아있기를 원하기 때문에 살아있는 생명을 해치는 것은 인간으로서 가장 잔인한 짓이다. 그런데 어떤 이들은 자기 가족만 잘 살아가면 된다는 생각으로 남을 해치는 언행이나 불량 먹거리 등을 생산하여 생명을 위협한다. 그런가 하면 남에게 위협적인 말, 수단 방법 가리지 않고 자기 이익만 추구하는 행위를 하는데 이 역시 다른 생명을 간접적으로 위협하는 행동 범주에 속한다.

생명을 해치지 않고 더불어 잘 살아가려면 양보나 배려 없이는 불가능하다. 그러나 부모들은 양보를 말하면서 현실적으로 내 자녀가 친구를 배려하다 손해라도 생기면 큰일이라도 난 듯 분개한다.

"너 그렇게 살면 세상에서 살아남기 힘들고 바보 취급당하기 딱 좋다"라거나 "성공하려면 남 사정 봐주어서는 안 된다"라며 세상 살아가는 법을 코치한다. 그런데 과연 그럴까?

지혜로운 부모는 다르다. 지금 당장의 이익이 먼 훗날 큰 재앙으로 다가올 수 있으며 오늘의 손해가 곧 손해가 아니며 언젠가는 그 손해가 다른 식으로 나에게 이로움이 되어 돌아올 수 있다는 세상의 이치를 보고 가르칠 수 있는 부모는 참으로 지혜롭다.

그렇다고 먼 훗날 이익을 위해 모든 손해를 다 감수하라고 강조하는 것은 아니며, 단지 상대를 살리는 일, 나보다 상대에게 더 필요한 일이라면 내가 손해를 보더라도 양보할 수 있는 미덕을 가르치자는 것이다. 이것이 폭넓은 의미의 불살생이다.

아이들이 생명의 소중함을 배우는 첫 장소는 가정이다. 부모가 주변 사람을 소중히 여기며 더불어 나누는 삶을 보여주는 가정은 생명에 대한 존귀함을 가르치는 셈이다. 반면 부모의 몰인정하고 비상식적인 행동을 보며 자라는 아이는 생명을 하찮게 여기거나 사회의 부적응자로 개인 지도하는 꼴이니 과보가 아닐 수 없다.

거짓말하는 아이

아이들은 가끔 거짓말을 하여 부모를 실망시킨다.

"여기가 독서실이냐? 이젠 거짓말까지 하며 아빠를 속여?"

독서실 간다던 아들을 PC방에서 발견한 아빠가 많은 사람이 보는 앞에서 불같이 화를 낸다. 부모는 자녀의 거짓말을 마치 부모를 바보처럼 속이고 더 이상 신뢰하지 않는다는 신호로 받아들이기 때문에 화가 나는 것이다. 과연 아이도 그렇게 생각한 걸까?

거짓말하는 아이의 입장에서 보면 그 나름의 이유가 있다. 예컨대 자신이 하고 싶은 일을 부모가 이해하지 않고 무조건 반대할 때 거짓말을 해서라도 욕구를 채우려 하거나 부모나 또래 친구들의 관심을 끌려고, 또는 사람들의 주목을 끌거나 처벌을 모면하기 위해서 거짓을 말한다.

그러나 알고 보면 부모도 가끔 거짓말을 한다. 예컨대 회사를 결근한 아빠가 "아직 몸은 좋지 않지만 내일은 출근하도록 하겠습니다"라고 직장상사에게 거짓말하는 모습을 옆에서 지켜보는 자녀도 실망하긴 마찬가지며 '이런 사소한 거짓말은 해도 괜찮구나'라고 배울 수 있다.

문제는 거짓말의 부작용이다. 처음엔 단순하고 사소한 거짓말로 시작한 것이 점점 또 다른 거짓말을 낳으면서 상황이 걷잡을 수 없이 심각해지고 자신과 주변사람들에게 고통을 주며 신뢰를 잃게 된다는 점이다. 말이란 그 사람의 인격을 나타낸다. 인간관계는 주로 언어라는 도구를 사용해서 소통을 하게 되는데, 말에 진실이나 배려, 성의가 담겨있지 않다면 사람들은 그를 신뢰하지 않게 되어 왕따가 될 수 있다. 요즈음 청소년들의 말이 점점 거칠어지고 욕으로 의사표현을 하는가 하면 심지어는 부모에게도 욕을 한다. 아이들의 정신이 그만큼 거칠어져 간다는 뜻이다. 어디 청소년뿐이겠는가? 인간 사회는 욕망의 세계라서 거짓말 또한 욕망 추구를 위한 표현 방법의 하나이므로 거짓말 없는 사회를 원하는 것은 불가능한 일인지도 모른다. 오죽하면 부처님 당시에도 거짓말하는 제자를 오계로 단속시키는 장면이 많다.

《증일아함경》〈삼공양품〉에는 이런 내용이 나온다. "지혜로운 자는 입으로 네 가지 행을 성취한다. 첫째, 거짓말 하지 않으며, 둘째, 남을 시켜서도 거짓말 하지 않으며, 셋째, 남의 거짓말 하는 것을 보면 마음으로 좋아하지 않고, 넷째, 이것이 지혜로운 사람의 그 입을 보호하는 것이다."

부처님은 지혜로운 자는 거짓말을 해선 안 된다고 하셨다. 왜냐하면 거짓은 속이는 일이기에 자신도 속이고 남도 속인다. 그러니 마음을 수련하는 수행자가 거짓을 말해서야 되겠는가? 부처님은 이를 지적한 것이다. 그런 이유로 거짓말은 절대 하지 말며 남을 시켜서도 하지 말라 하셨다.《금강경》은 이렇게 전한다.

"수보리야, 여래는 진리를 말하고 진실을 말하며 실상대로 말하며 거짓말을 하지 않는다."

역사적으로 위대한 사상가나 교육학자들 역시 거짓말이란 논의의 가치도 없는 부정적인 것임을 언급했는데 그리스 철인 플라톤은 "거짓말은 그 자체가 죄일 뿐만 아니라 정신까지도 더럽힌다"라고 했으며 도산 안창호도 "농담으로라도 거짓말은 하지마라"며 경고하였다. 이처럼 위대한 성인들은 거짓말에 대한 강한 부정적 견해를 밝혔다. 그것은 거짓말이 모든 악의 뿌리이며 정신을 타락케 하므로 아예 근절시키라는 취지다.

이런 점에서 거짓말하는 아이는 상담이나 교육적인 지도가 필요하다. 하지만 성장기 자녀가 하는 거짓말은 고의로 남을 해치려는 사람들의 악의적 거짓말과는 구분할 필요가 있다.

아이들은 거짓말에 대한 개념도 제대로 모른 채, 거짓이 왜 나쁘며 그 영향이 얼마나 지대할 수 있는지를 모르고 단지 불안한 상황을 모면하거나 부모의 관심을 끌기 위해 거짓말을 사용할 수 있다. 따라서 깊은 이해를 바탕으로 하는 교육적인 안내와 지도가 필요하다.

거짓말의 부정성을 내세워 무조건 체벌로 다스리기보다는 거짓말을 왜 해야 했는지 원인을 파악하는 것이 순서라는 것이다. 어떤 아이가 아무 이유도 없이 부모를 골탕 먹이거나 속이고 싶겠는가? 그만큼 거짓말 뒤에는 아이의 숨겨진 욕구나 두려움 공포 우울 등의 문제나 절박한 이유가 있을 것이다. 그것을 찾아 먼저 공감해주고 마음을 읽어주는 부모의 따뜻한 사랑과 배려가 있은 후 자녀를 야단쳐도 결코 늦지 않는다.

이를 테면 "아들! 오늘은 독서실보다 PC방이 더 그리웠나보구나, 나도 마음이 복잡할 땐 게임이 생각나지"라며 아이 마음을 읽어주고 감싸주는 아빠의 따뜻함이 아이 마음에 더 와 닿을 수 있다. 아이는 아빠가 자신을 인정해준다고 느끼면서 더없는 애정과 고마움으로 자신의 잘못을 깊이 뉘우치고 깨우쳐 갈 수 있다.

자녀의 거짓말은 그 원인을 해결하는 마음 치유 과정이 먼저 선행되어야만 해결이 되며, 그래야만 성장 후 악습관으로 발전되지도 않는다.

좋은 친구 나쁜 친구

학교에서 돌아온 지민이의 표정이 시무룩하다.

"학교에서 무슨 속상한 일이라도 있었니?"

엄마의 물음에 "아니 뭐 별일 아녜요"라고 아이는 일단 부인하지만 표정은 어두웠다.

저녁식사 후 엄마에게 다가온 지민이가 머뭇거리며 말을 꺼냈다. "난 애들한테 인기가 없는 것 같아요." 왜 그렇게 생각하느냐는 엄마의 물음에 "친구들이 나를 좋아하지 않는 것 같아서요"라며 자존심이 상한 듯 지민이의 말소리가 떨렸다.

"그럼 이번 토요일 가족 모임에서 네 문제를 같이 상의하도록 해보자"고 엄마는 제안했고 지민이도 이에 동의했다.

지민이네 집은 얼마 전부터 매주 토요일 저녁식사 후 온 가족이 모여 그동안 일어난 일을 서로 이야기하며 문제가 있으면 같이 의논하여 해결점을 찾아가는 등 가족 간에 이해와 화목을 돈독히 다져가는 시간을 갖고 있다. 가족회의의 장점은 혼자 해결할 수 없는 문제를 가족 구성원들의 다양한 의견을 듣고 도움을 받아 훨씬 쉽고 간단히 해결할 수 있다는 점이다.

지민이와 같이 사춘기에 접어든 중학생들은 부모보다는 친구와 보내는 시간이 더 많고 또래로부터 많은 영향을 받는 시기다. 따라서 이 시기에 친구가 없다거나 친구에게 인기가 없다고 느낀다면 당연히 고민이 아닐 수 없다.

친구란 가까운 벗이다. 서로 속마음을 터놓을 정도로 허물 없는 사이가 벗이다. 따라서 그런 친구에게 배반을 당하거나 인정받지 못했다면 소외감이나 외로움을 느낄 수 있다. 더구나 부모에게 말했다가는 공부나 할 것이지 무슨 친구 타령이냐며 도움은커녕 무시하고 비난받을 것이 뻔해 아에 상의도 안 한다. 왕따 당한 아이가 때론 목숨과도 바꿀 만큼 심각한 문제로 심리적 불안이나 심한 고통을 겪는데도 부모가 모르는 것은 이 때문이다. 물론 또래친구를 죽음으로 몰아넣는 아이는 더 이상 친구가 아니다. 부처님께서도 "맹수를 두려워 말고 악한 벗을 두려워하라. 맹수는 몸만 상하게 하지만 악한 벗은 마음을 파멸시킨다"라며 나쁜 친구의 악영향을 지적하셨다.

친구는 제2의 자신이라고 한다. 어떤 친구와 사귀며 서로 영향을 주고받느냐는 그의 인생을 좌우할 정도로 중요하다. 그렇다면 이 세상을 살아가는데 서로 이로움을 주고 좋은 도반이 될 만한 친구의 기준은 무엇일까? 친구를 사귀는 데도 지혜가 필요하다는 부처님의 말씀을 《앙굿따라니까야》에는 다음과 같이 기록하고 있다.

"수행승들이여, 이 세상에 어떤 사람은 계행을 갖추고 훌륭한 성품을 지녔다. 이와 같은 사람과 사귀어야 하고, 친해야 하고, 섬겨야 한다. 그것은 무슨 까닭인가? 설령 그 사람의 견해를 쫓지 않는다고 하더라도 선인善人을 벗으로 하고, 선인을 친구로 삼고, 선인을 동료로 삼는다는 좋은 소문은 퍼져나가기 때문이다."

부처님 말씀처럼 사람을 사귀는 데 가장 고려해야 할 점이 선한 성품이다. 성품 자체가 겉으로 표시되거나 드러나는 것은 아니지만 대부분 성품은 행동으로 표출되기 마련이다. 따라서 그의 행동을 보면 어느 정도의 성품을 지녔는지 파악이 된다. 객관적으로는 오계를 수지하고 실천하는 사람이라면 적어도 그는 바르고 선한 삶을 살려고 노력할 것이기 때문에 사귀어도 무방할 듯싶다.

그래서 부처님은 친구를 사귈 때 오계를 지키는 선한 인품의 사람을 가까이 하면서 좋은 영향을 받으라고 하셨다. 우리 속담에도 '친구를 보면 그 사람을 알 수 있다'는 말이 있다. 그만큼 친구란 상호작용이 많아 자기도 모르게 닮아가며 또한 미래에도 함께 할 도반이기 때문에 신중한 선택을 요한다.

〈보왕삼매론〉을 보면 친구와 관련된 이런 게송이 있다.

"친구를 사귀되 내가 이롭기를 바라지 말라, 내가 이롭고자 하면 의리를 상하게 되나니, 그래서 성현이 말씀하시되, 순결로서 사귐을 길게 하라 하셨느니라."

친구를 사귀는 데 나의 이익을 먼저 생각하면 의리를 상하여 관계를 지속하기 어렵다는 내용에서 보듯 친구는 이해관계를 떠나 순수함과 진실이 핵심이라 본다. 만일 내 이익을 위해 친구를 선택한다면 그 마음이 상대에게 전해지기 마련이며 결국 의리도 상하고 만다. 반면 친구가 자신의 이익을 위해 나를 선택한 것 같다면 나 또한 그런 마음은 없었는지 반성할 일이다. 이것이 변함없는 친구관계를 지속할 수 있는 비결이다.

흔히 우리는 상대가 먼저 나에게 다가와 친구하자고 말하기를 기다리지만 그런 일은 드물다. 내가 사귀고 싶은 좋은 사람이 있다면 먼저 다가가 상대에게 친절하고 겸손하며 존중하는 마음으로 대한다면 친구 사귀는 데 큰 문제는 없을 것 같다.

도토리의 나눔

산과 들판이 예쁜 가을은 공휴일이 끼어 있어 가족이 함께 야외로 나들이 할 수 있는 기회가 많다. 게다가 결실의 계절답게 가을철 별미를 안겨주는 상수리나무가 많은 장소라면 더욱 인기가 높다. 그런 점에서 이들을 충족시켜주는 경주시 황성공원은 어린아이를 동반한 부모들이 편안한 하루를 쉬기에 딱 좋다.

"다람쥐야, 여기 도토리 있어. 이리 와 먹어."

부모를 따라 들놀이 나온 네댓 살 되어 보이는 아이들이 도토리 몇 알을 작은 손 안에 쥐고 다람쥐를 부른다. 아이들은 동화책에서 보았던 다람쥐를 실제로 보자 잔뜩 호기심 어린 표정이 되어 친해보려 하지만 아이의 마음을 알 수 없는 다람쥐는 기겁을 하며 나무 위로 후다닥 올라가 숨는다. 그럴수록 아이들은 즐겁기만 하다.

한편에서 어떤 아이들은 부모 곁에서 도토리를 줍느라 신이 났다. 한창 무르익은 도토리가 바람이 스칠 때마다 우수수 떨어지니 고개를 들 틈도 없이 줍기에 바쁘다. 그래서인지 공원 안 이곳저곳에는 〈도토리를 주워가지 마세요. 도토리는 다람쥐의 먹이입니다. 적발 시 회수하겠습니다〉라는 기다란 현수막이 걸려있다. 그러나 현수막이 걸린 바로 그 밑에서 유유히 아이들과 도토리를 줍는 사람들을 보면, 현수막만으로 시민의 하고 싶은 욕구를 통제하기란 쉽지 않아 보인다. 순간 '이런 지키지도 못할 현수막은 왜 걸어 놓았을까? 혹여 아이들 마음속에 이런 경고는 그냥 무시해도 된다는 잘못된 의식이 심어지고 이런 분위기에 익숙해지는 건 아닌가?' 하는 염려가 들었다.

도토리가 건강에 유용한 성분이 많다 하니 사람들이 결국 산속 도토리까지 깡그리 주워오는 바람에 멧돼지가 먹잇감을 찾아 마을을 덮쳤다는 뉴스를 들었다. 도토리는 인간 외에도 다람쥐나 멧돼지가 즐기는 열매라 적당히 줍고 남겨두어 절제와 나눔의 미덕을 발휘하면 좋으련만 인간의 과욕은 끝이 없다. 그리고 그런 어리석음과 욕심의 과보를 엉뚱한 사람들이 받게 되는 것이다.

미국 스탠포드 대학의 월터 미셸 박사가 고안한 '마시멜로 실험'은 미래의 더 큰 가치를 위해 현재의 감각적 욕구나 만족을 얼마나 참아내는가 하는 '만족 지연 능력'에 관한 것이다. 실험 대상인 유아들은 접시 위에 놓인 마시멜로를 15분간 먹지 않고 참으면 한 개를 더 주겠다는 실험자의 약속을 듣는다.

이 실험에서 먹고 싶은 욕구를 잘 참고 극복하여 실험자의 약속대로 한 개를 더 받은 아이들은 참지 못하고 실패한 아이와 어떤 점에서 과연 달랐을까? 어릴 때부터 부모로부터 존중받으며, 규칙이나 약속은 지켜야 하는 것이라 배우고 또한 인내와 절제하는 법을 배우며 성장한 아이들이었다. 이런 아이는 친구들과도 잘 어울리고 스트레스를 잘 극복하였던 것이다. 또한 먹고 싶은 욕구를 참았던 아이들은 14년 뒤에 치러진 대학수학능력 평가 시험에서 참지 않고 바로 마시멜로를 먹어버린 아이보다 무려 210점이나 높았음이 밝혀졌다. 그렇다면 아이들의 만족 지연 능력은 어떻게 키워지는 걸까?

부모의 '일관성 있는 양육 태도' 유지가 가장 중요하다고 드러났다. 일관적인 양육 태도는 부모의 감정이나 기분에 따라 양육 태도가 쉽게 변화하거나 좌우되지 않는 것이다. 일관된 양육 태도는 자녀에게 신뢰와 안정감을 준다는 장점이 있다. 이는 부모에 대한 존경으로 이어지고 부모의 한결같은 성숙한 태도를 보며 자녀는 약속이나 규칙은 잘 따르고 지켜야 한다는 인내심을 자연스럽게 배양한다.

'아빠는 언제나 말과 행동에 책임을 지는 분', '엄마는 약속을 어기지 않는 분'이라는 확신 속에 성장하는 자녀는 당장은 좀 하기 싫어도 해야 할 일은 잘 참고 절제할 수 있는 인내심을 갖게 되니 이것이 바로 뿌린 대로 거두는 인과가 아닐까 한다. 《맛지마니까야》의 〈버리고 없애는 삶의 경〉에서 부처님의 한 말씀을 들어보자.

"쭌다여, 다른 사람이 탐욕을 부리거나 삿된 행위를 하더라도 우리는 탐욕을 부리거나 삿된 행위를 하지 않을 것이라고 지금 여기서 마음을 일으켜야 한다. (중략) 자신을 제어하지 않고 수련시키지 않고 완전히 소멸시키지 않은 사람이 다른 사람을 제어하고 수련시키고 완전히 소멸시킬 것이라는 것은 불가능하다. 그러나 쭌다여, 자신을 제어하고 수련시키고 완전히 소멸시킨 사람만이 참으로 다른 사람을 제어하고 수련시키고 완전히 소멸시키는 것은 가능하다."

이 가르침은 좋은 부모가 되기 위해 노력하는 사람들이 새겨들어야 할 부처님의 교훈 말씀이다. 자녀를 바른 길로 인도하고 좋은 습관을 들이려면 부모 먼저 마음을 일으켜 탐욕심을 제어하고 절제하려는 노력과 인내의 삶을 보여주어야 한다. 부모의 바른 말이나 행위는 자녀에겐 그 자체가 모범이며 교육인 때문이다. 쉽지 않은 일이지만 불자 부모라면 부처님의 가르침을 믿고 부단한 노력과 자기 수행으로 능히 극복해갈 수 있다고 믿는다.

좋은 관계와 불안정한 관계

초등학교 5학년인 가희는 동생과 수영장에 놀러갔다. 둘은 도중에 말다툼을 했는데 가희는 화가 나서 어린 동생을 수영장에 혼자 두고 집에 와버렸다. 그 말은 들은 엄마는 기가 막혔다.

"넌 어쩜 그렇게 이기적이고 못됐니?"

순간 비난하는 말로 아이를 몰아세우니 엄마 말에 자존심이 상한 가희도 맞받아쳤다.

"엄마는 뭘 그렇게 잘했는데!"

어른으로서 감정을 다스리지 못하고 말실수를 했다고 엄마도 스스로 느꼈지만 이미 쏟아낸 말을 주워 담기엔 늦었다. 가희도 화가 난 상태에서 무조건 엄마한테 달려든 것이 후회되었지만 벌써 냉랭한 분위기가 되고 말았다.

이처럼 우리는 순간적인 화를 참지 못하고 습관적으로 말을 내뱉곤 한다. 삶은 관계의 연속이며 변화무쌍하지만 세상에서 가장 가까우면서도 또한 힘든 관계가 부모 자녀 관계다. 하지만 그 중심은 언제나 부모이다. 아이의 탓을 할 수 없다는 뜻이다.

우리에게 관계의 실상을 명확하게 설명해준 분이 부처님이다. 깨달음으로 우주의 실상을 통찰한 부처님의 첫마디는 '나는 연기를 보았다'였다. 그래서 불교는 인간은 물론 동식물까지도 상호 의존적으로 연관되어 있다는 연기론적 세계관에서 더불어 공존하는 상생의 삶을 강조한다. 하지만 다양한 욕망과 각각의 개성을 지닌 사람들이 만나 서로 좋은 관계를 맺고 평화롭게 산다는 것이 쉬운 일은 아니어서 지성으로 배우고 익히는 학습이 필요하다. 관계란 곧 사회화이다. 그러므로 어느 날 갑자기 발달하는 것이 아니고 어려서부터 보고 배우며 학습된 사회적 결과물이다. 그 최초 대상이 엄마(또는 양육자)다. 갓 태어난 아기는 엄마를 통해 먹고 입고 대소변 처리 등을 해결한다. 이때 엄마가 아이를 어떻게 양육하고 상호작용하느냐에 따라 좋은 관계가 될 수도 있고 무서움이나 두려움의 대상이 될 수도 있다. 물론 이때 아기의 타고난 기질도 크게 작용한다.

순한 아기는 엄마와 좀 더 편안한 관계를 맺을 수 있고 까다로운 아기는 기질적으로 엄마를 힘들고 불편하게 하여 관계를 어렵게 만들 수 있다. 엄마와 아이가 정서적으로 편안하고 좋은 관계를 맺을 때 아이는 안정된 애착을 형성하게 되는데 이런 아이는 앞으로 세상과 안심하고 교류할 수 있는 힘이 생긴다. 그러나 엄마와의 불안정한 관계는 아이에게 불안정 애착을 형성하게 만들어 매사를 불안해하거나 세상 사람들과도 잘 교류하지 못하는 문제가 생긴다. 이런 아이는 사람을 보면 "저 사람도 역시 날 싫어하겠지?"라는 부정적인 생각이 들어 사람만나는 걸 두려워 할 수 있다.

이와 같이 최초 부모와의 관계에서 안정된 애착을 형성하는 것은 성장 후 사회생활이나 교류에 깊은 영향을 준다는 점에서 자녀를 양육하는 부모라면 반드시 유념해서 지켜야 할 육아법임에 틀림없다.

그렇다면 좋은 관계를 맺는데 필수적인 덕목은 무엇일까?《앙굿따라니까야》의 부처님 말씀을 정리하면 이렇다.

"수행승들이 사귀어야 하고 친해야 하고 섬겨야 할 사람은 누구인가? 계행과 삼매와 지혜가 동등하거나 수승한 사람이다. 그것은 무슨 까닭인가? 이런 사람은 우리를 이익으로 이끌 수 있고 평안으로 이끌 수 있기 때문이다."

계율은 부처님 말씀을 기록한 경전들에서 자주 등장하는 문구 중 하나로 부처님은 더불어 사는 공동생활에 계행을 가장 기본이 되는 덕목이라 보았기 때문이다. 그러므로 수행자가 사귀고 존경할 대상은 계행으로 마음과 몸을 다스릴 줄 아는지, 사물을 바르게 보는 지혜는 있는지를 살펴보라는 말씀이다. 이 말씀은 어디 수행자만의 일이겠는가? 우리 모두에게 해당되는 말이며 부모역할에 주는 교훈 또한 크다.

이 세상 모든 사람은 생존을 위협하고 불이익을 주는 사람보다는 평안과 이익을 주는 사람을 좋아한다. 하물며 부모라면 이 세상에서 누구를 가장 이롭게 하고 편안한 마음을 갖도록 할 것인가? 바로 자녀이다.

그런 이유로 자녀발달에 가장 핵심적인 역할을 하는 부모의 인격이 바르고 성숙되기를 소망하는 것이다. 만일 부모의 인품이 올바르지 못해 부정적인 일을 일삼는 비양심적인 사람이라면 자녀는 무엇을 보고 배우겠는가? 자녀의 인격 발달에 미치는 불이익은 이루 말할 수 없게 되며 그뿐인가 그 여파는 사회로까지 번지게 될 수 있다. 이 점을 부처님은 지적하였다.

하루 10분이라도 시간을 내어 명상으로 마음을 다스리며 오계를 실천한다면 안정된 정서와 지혜의 증장으로 인해 자녀와도 좋은 관계를 맺게 되니, 좋은 부모가 아니겠는가?

나만 잘살면 돼

고교생 45%가 '이웃의 어려움과 관계없이 나만 잘살면 된다'고 말했다. 56%는 '10억이 생긴다면 죄를 짓고 1년 정도 감옥에 가도 괜찮다'라고 했다. 어느 시민단체의 조사 결과이다. 이 항목은 2015년 우리나라 청소년들의 정직지수에 관한 질문 중 일부 항목이다. 만일 똑같은 질문을 성인에게 했다면 어떤 반응이 나왔을지 궁금하다. 그만큼 지금 사회를 바라보는 국민의 분노와 불신은 격앙되어 있다.

1년 정도의 감옥은 사회 유명인사들도 가는 곳이니 두렵지 않다는 도덕불감증이 일부 청소년들의 심성에 혹시 심어진 건 아닌가 싶다. 그런데 이런 청소년들의 정직지수를 보면 초등생 88점, 중학생 78점, 고교생 67점으로 비교적 높다. 이 점수는 무엇을 의미하는가? 정직하게 살려는 청소년들에게 사회가 보여주는 작금의 모습이 너무도 실망스럽기에 '나만 잘살면 돼'라고 항변하는 것은 아닐까?

정상적인 사람이라면 아무리 돈이 좋아도 감옥까지 가면서 돈을 벌고 싶어 하진 않으며, 어려운 이웃을 외면하고 나 혼자만 잘살기를 원하지 않는다. 학교에서 왕따를 당할까봐 그렇게 겁내던 우리 아이들, 다른 사람들로부터 인정받으려 부단히 노력하고 외톨이가 되지 않기 위해 안간힘을 쓰던 아이가 친구를 멀리하고 혼자만 잘 살겠다고 응답할 리가 없지 않겠는가?

가정과 사회는 지금 우리 아이들에게 무엇을 가르치고 보여주는가? 눈만 뜨면 사회 각층은 자기네 이익을 위해 아수라처럼 다투고 투쟁하며. 불량 먹거리 생산업자는 지금도 당국의 눈을 속이며 소비자의 생명을 담보로 돈벌이에만 몰두하니 웃기는 일이다. 그런가 하면 학생이 교사를 폭행해도 가해학생보다 교사가 처벌되는 일부 학교와 사회의 잘못된 시스템에 건전한 청소년들은 낙담한다.

이런 사회상을 바라보는 부모들은 매우 자연스럽게도 '그 누구를 믿겠니? 이웃이 도와줄 것 같아? 어림없어, 그러니 네가 잘되어야 해'라는 말로 내 아이의 출세만을 위해 친구와 이웃은 경쟁의 대상임을 가르치진 않는가? 사회와 가정이 원칙과 규범을 외면하고 도덕성의 일탈과 붕괴를 조장하고 있으니 이를 바라보는 청소년들은 장래에 대한 불신과 불안감으로 혼란이 가중되는 것 같다.

과연 우리는 어떻게 사는 것이 가장 잘사는 길인가? 인간의 고뇌를 누구보다 명확한 지견으로 통찰하신 부처님의 말씀에서 그 해법을 찾아본다.

《금강경》에 "선남자 선여인들이 아뇩다라삼먁삼보리심을 내면 마땅히 어떻게 생각하고 어떻게 마음가짐을 다스려야 하옵니까?"라는 수보리의 질문이 있다.

이 질문은 곧 중생들의 질문이기도 하다.

"나는 누구인가?"

"내 마음을 어떻게 다스리며 살아야 하는가?"

인간은 이런 의문을 통해 삶을 진지하게 생각해보기도 한다. 그래서 수보리의 질문은 중생이 삶에서 느끼는 의혹과 자신의 정체성을 확인하고 싶은 마음을 대신해 부처님께 묻는 장면이기도 하다. 부처님은 그 길을 진리로서 말씀하셨다.

"수보리야, 모든 보살마하살은 마땅히 다음과 같은 마음을 일으켜야 한다. 세상에 존재하는 일체중생들 즉 알, 태, 습, 화하여 생긴 것이거나 형상이 있건 없건, 생각이 있건 없건, 생각이 있는 것도, 없는 것도 아니건 가리지 않고 모두 제도해서 열반에 들게 하리라."

부처님은 중생을 열 가지 종류로 나누어 이 모든 중생을 제도하는 광대한 마음을 내라고 한다. 세상에 존재하는 일체 만물의 생존방식은 연기의 법칙을 따른다. 따라서 인간만이 존엄한 것이 아니고 이 세상 모든 생명체는 상호의존적으로 살아가는 귀한 연기적 존재들이기에 나와 더불어 그들도 깨달음을 얻도록 제도하라. 이때 내가 돕는다는 이상도 내지 말라는 것이 부처님의 가르침이다.

이는 마치 공기나 물 햇빛 등이 인간에게 도와준 대가를 바란 적 없듯이 나 또한 아무 보상을 바라지 않고 돕는 마음이어야 한다. 그것이 연기적 이치다. 만일 대가나 보상을 바란다면 그것은 거래일뿐이다. 나와 남을 구별해서 보는 차별성이 개입해 생명의 존재 방식에도 맞지 않다.

생명의 이치가 이처럼 늘 남의 도움으로 살아가고 있으니 '나만 잘살면 돼' 하는 사고방식은 생명의 존재 방식도 아니고 부처님의 말씀에도 어긋난다. 그래서 '나만'이라는 생각은 고독과 고통을 동반하여 삶을 더 힘들고 불행하게 만든다. 그러니 풀 한포기 돌멩이 하나라도 내 생명처럼 소중히 다루며 더불어 살아가는 것은 인간적 도리이며 불자의 본분사라 믿는다.

나 홀로 존재할 수 없으며, 남을 위한 삶이 결국 자기 자신을 살리는 길임을 잘 알아야 한다. 청소년들에게 '나만~'이 아닌 '나도~'가 더 멋진 삶이며 행복의 길이고 그것이 부처님의 귀한 가르침임을 일깨워주는 사회적 순기능이 필요한 때다.

9

가족의 행복과
부모의 역할

가족은 가정이라는 울타리 안에서 같이 생활하면서 서로 믿고 의지하며 공동생활을 하는 사람들이다. 이런 가정이 건전하고 안정되며 화목할 수 있다면 가족 모두에게 더없는 행복이 아닐 수 없다.

가정의 중심은 부모이다. 부모가 바로 서지 않으면 가정은 바로 설 수가 없으며 함께 거주하는 가족의 행복도 불가능해진다. 가족을 행복으로 이끄는 부모 역할 중에서도 가장 중요한 것이 바로 부모의 인품과 성실함이 아닐까 한다. 부모의 인품이 바르지 않고 주어진 역할을 성실하게 수행하지 않는다면 자녀는 늘 불안하고 불행하다고 느낄 것이다. 그런 부모로부터 아이들이 무엇을 보고 배울 수 있겠는가.

불교의 기초 교리인 사섭법四攝法은 사회공동체의 화합을 위해 실천할 수 있는 방법을 잘 묘사하고 있다. 9장에서는 사섭법을 바탕으로 오늘의 부모 세대가 가정을 바로 세우고 부모됨의 책무를 성실하게 수행할 수 있는 안목을 넓히도록 안내한다. 특히 부모가 어떤 마음가짐으로 가정을 이끌어가며 가족 구성원들의 행복을 위해 무엇을 배려하고 솔선수범하며 자신의 역할을 다해야 하는지 사례를 통해 배워본다.

부처님이 이 땅에 오신 이유

빨간 넝쿨장미가 담장을 장식하고, 길가 보도블럭 사이를 비집고 피어난 민들레와 보랏빛 제비꽃의 강한 생명력이 돋보이는 계절 5월은 화사하고도 향기롭다. 어디 그뿐인가?

5월은 어린이날이 있어 아이들 마음만큼이나 발랄하고 생기 넘치는 달, 이런 아름다운 달에 석가모니 부처님은 인도 룸비니 동산 무우수나무 아래서 태어났다. 초등학생에게 "부처님은 어떤 모습으로 생기셨을까?"라고 질문하면 많은 아이들이 스님과 같은 모습이거나 또는 법당 안의 부처님과 같다고 대답한다. 그러나 서너 살의 어린 유아에게 똑같은 질문을 던지면 부처님은 부모와 같은 모습, 또는 친하고 익숙한 주위 사람과 같다고 대답한다. 그만큼 부모는 어린 자녀에겐 부처님이요 삶의 전부다.

석가모니 부처님은 탄생하자마자 사방으로 일곱 걸음을 걸으며 오른 손은 하늘을 왼손은 땅을 가리키면서 천상천하天上天下 유아독존唯我獨尊을 선언했다고 전해진다.

'하늘 위와 하늘 아래 나 홀로 가장 존귀하다'는 이 말의 의미에서 생명의 존귀함과 인간에 대한 무한한 신뢰 그리고 개개인의 주체성을 느낀다. 탄생게의 후반은 삼계개고三界皆苦 아당안지我當安之로서 '온 세상이 모두 고통에 잠겨있으니 내 마땅히 이를 편안하게 하리라'이다. 이 말씀은 특히 중생을 향한 부처님의 연민과 자비심이 가득 전해지는 문맥이다.

부처님의 탄생게에 대해 왈가왈부 진위여부를 따지기 전에 우린 이 탄생게가 전하는 깊은 의미를 통찰해야 할 것이다. 여기에 바로 불교가 나아가야할 방향과 목표가 여실히 드러나고 있으며, 부처님이 이 땅에 오신 이유가 담겨있기 때문이다.

부언하자면 부처님은 탄생게 그대로의 삶을 일생동안 실천하셨다는 점에서 인류의 스승으로서 그 위대함을 추앙받고 있다. 부처님의 말씀처럼 모든 생명은 그 자체로서 이미 세상의 주인이며 중심이다. 따라서 내 삶은 전적으로 내 소관이며 내 책임이다.

어느 누구도 내 삶을 대신하거나 책임져줄 사람은 없기에 스스로 등불을 밝히는 '자등명의 삶'을 살아가야 한다. 우리는 여기에서 스스로 등불을 밝히는 부모 역할의 방향성을 본다.

부모와 인연으로 이 세상에 태어난 내 아이가 그들의 삶을 스스로 책임질 수 있을 정도로 신체적 정신적 성숙이 이루어질 때까지 가정에서 일정한 보살핌을 받아야 한다. 지식과 능력을 습득함은 물론 자녀 스스로 선택하고 책임지는 훈련도 이 시기에 필요한 귀한 공부다. 가정에서 체득하는 실생활 공부가 학교 공부와 조화를 이룰 때 진정한 주인이 되는 삶을 살 수 있다.

마침 부처님의 탄신일을 맞아 부처님께 부모 자녀의 인연에 감사한 마음을 전하는 기회를 가져보면 어떨까? 가족 모두 예쁜 옷 차려입고 절을 찾아가 울긋불긋한 연등도 켜고, 법당 안 부처

님께 감사하는 삼배 올리며, 맛있는 음식과 떡 과일을 먹으면서
축하를 서로 나누는 것은 가족의 화목을 위해서도 의미 깊다고
본다.

"아들딸아! 오늘은 부처님 생일이지만 우리 모두의 생일이고
명절이기도 해. 네가 우리의 가족으로 태어나서 정말 좋단다. 그
리고 사랑해."

서로 인연됨에 감사하는 마음을 전해보자.

밥상머리 교육

"그것은 식물입니까?"

"아니오."

"그것은 살아있습니까?"

"예."

스무고개의 한 장면이다. 은별이네 가족은 한 자리에 모여 식사할 때는 어김없이 '스무고개 놀이'로 즐거운 시간을 갖는다. 초등학교 교사인 아빠의 제안으로 처음 시작한 이 놀이는 4학년인 은별이와 2학년인 은수가 적극적으로 참여하면서 수년째 이어지고 있다.

스무고개를 위한 문제는 가족이 돌아가며 준비와 진행을 맡는다. 단 스무고개 시간에 지켜야 할 규칙이 있다. TV와 스마트폰은 사용하지 않는다. 어려서부터 지켜왔던 일이라 아이들은 잘 따라주었고 이젠 가족과의 소통이 더 재미있고 의미 있는 일이라고 깊이 공감하고 있으니 아이들의 성장은 밝을 수밖에 없다.

물론 어떤 가정에서는 식사시간에 밥 먹는 일 외의 다른 활동을 하는 것은 식사를 방해한다고 하여 반대할 수도 있다. 그러나 어떤 가정은 식사시간에 가족이 다 같이 모여 즐겁게 시간을 활용할 수 있다는 점을 긍정적으로 평가한다.

부처님은 부모 역할의 중요성을 즐거움이라 표현하였다. "집에 어머니 있어 즐겁고, 아버지 있어 또한 즐거움이다."

《법구경》의 게송이다. 자녀에게 부모는 우주이며 생명줄과 같은 존재다. 따라서 부모가 한 가정을 바르고 건전하게 이끌지 못하면 아이들은 세상이 무너지는 아픔과 좌절을 느낀다.

초등학생들을 대상으로 한 조사연구에서 언제 가장 행복한지를 묻자 "아빠와 엄마가 화목하고 즐거운 모습을 보일 때"라고 답한 것만 보아도 알 수 있다. 은별이네 가족이 이처럼 화목하고 아이들이 밝게 자랄 수 있는 것은 아빠와 엄마의 성숙한 인격과 가정을 소중히 여기고 행복하게 하려는 굳은 의지 때문이라 본다. 이런 것만 보아도 부모는 자녀의 미래 삶을 위해 어떻게 사는 것이 잘사는 것인지 그 역할을 깨닫게 한다. 그렇다면 오늘의 많은 부모들은 과연 어떤 부모 역할을 추구하고 있는 걸까?

최근의 사회 풍조는 무엇이든 재물로 해결하려는 경향이 높다. 돈이 최고라는 사고방식은 자칫 인간을 열등하게 만들고 탐욕심과 이기적인 성향을 부추기게 된다. 오늘의 사회문제 저변에는 아쉽게도 돈을 최고 가치로 믿는 일부 부모의 잘못된 교육이나 가치관이 자리하고 있다. 어떤 부모는 자녀의 성적이 좀 떨어지면 그 이유가 무엇인지 대화를 통해 아이의 마음을 읽고 도움을 주는 여유보다는 마치 큰일이나 난 듯 다그치고 고액과외라는 돈에 의존한다. 엄마의 정성어린 요리보다 패스트푸드가 밥상을 차지하며, 아이를 일류로 만든다는 명목으로 전 세계 학교를 누비며 기러기 아빠도 서슴지 않는 부모가 점점 증가하는데 문제는 이 모든 것이 자녀 의사와는 무관하게 이루어진다는 점이다.

왜일까? 부모의 탐욕과 조바심 때문이다. 물론 이 모두를 무조건 나쁘다고 비난할 수는 없지만, 빠른 결과만 추구하다보니 부모의 정성으로 경험을 쌓는 과정들은 도외시하고 자녀가 왜 성공해야 하는지 궁극의 목적도 망각하는 것 같아서다.

가족은 가정이라는 울타리 안에서 같이 생활하면서 서로 믿고 의지하며 공동생활을 하는 사람들이다. 그 중에서도 식사시간은 온 가족이 함께 모일 수 있는 소중한 시간이므로 이 기회를 잘 이용하여 소통과 교육의 장으로 삼을 때 일석이조가 된다.

최근 들어 서로 바쁘다는 핑계로 가족이 다 같이 모여 식사하는 밥상문화가 점점 사라져가는 중에 예전 밥상머리에서 해결하였던 가족들의 고민이나 문제도 그만큼 경시되고 있는 것은 아닌지 우려된다.

예컨대 부모는 직장이나 인간관계의 고민을 가족이 모인 밥상머리에서 털어놓고 말할 수 있다. 이 자리는 아이들의 생각과 기분은 어떤지 서로 마음을 나눌 수 있는 시간으로도 적절하다. 또한 사회 시사 문제에 대해 의견을 나누면서 세상을 바라보는 서로 다른 관점도 이해하고 생각을 정리하여 논리적으로 표현하는 기술을 키우는 곳도 가족이 모이는 시간이다.

아이들은 이런 경험으로 소통이란 서로에게 지켜야할 일정한

규칙이나 질서가 있어야만 한다고 배운다. 나와 다른 사람의 말
이나 행동을 이해하고 존중하기, 어른에 대한 양보와 예절, 왜 우
리는 서로 돕고 나누며 살아야 하는지를 배운다. 그런 유용한 시
간이 바로 밥상머리 교육이다.

화장 즐기는 아이들

일요일 오후였다. 친구와 약속이 있다며 막 집을 나서려는 새미의 얼굴을 본 엄마는 오늘 따라 유난히 붉게 칠해진 딸의 볼연지가 눈에 들어왔다.

"새미야, 볼 화장이 너무 진하니 좀 지워라."

애써 진정하며 말하는 엄마에게 새미는 "나보다 더 진하게 화장하는 애도 많아요" 하며 천연덕스럽게 대꾸한다. 사실 새미는 초등학생 때부터 엄마가 챙겨주는 기초화장품을 사용해왔다. 그런데 중2가 되면서부터 점점 화장은 색조화장으로 변해갔다. 이를 알게 된 엄마는 딸이 너무 화장에 집착하는 것 같아 제지하고 야단도 쳐보지만 듣지 않는다.

우리나라 10대들의 화장, 피어싱, 성형과 같은 외모 가꾸기는 이미 10년 전부터 유행되기 시작하였다. 화장품 매장에는 값싸고 다양한 뷰티 제품이 넘쳐나고 부모의 도움 없이도 언제든 쉽게 화장품을 구입해서 사용할 수 있는 환경이다. 화장은 이제 10대들에게 거역할 수 없는 새로운 문화로 정착하는 것 같아 어느 정도는 이들의 화장을 수용해야 한다는 시각도 있다. 하지만 현장의 교사들은 요즘 청소년들의 화장이 점점 더 두꺼워지면서 교칙 준수와 학생들의 욕구 사이에서 일어나는 갈등과 탈선행위를 우려하는 목소리도 높다.

부모에게 딸은 예쁘고 멋지게 보일수록 좋다. 하지만 대부분의 부모는 아직 어린 딸이 색조화장과 성형까지 하며 예뻐지기를 바라지는 않는다. 그러나 어떤 부모는 딸에게 성형을 시키고 색조화장을 권하며 치마를 더 짧게 만들어주는 등 외모 가꾸기를 삶의 우선순위에 두기도 한다. 그런데 이런 소수의 부모와 아이들이 대체로 다른 십대들의 모방심리를 자극하고 유행을 이끌며 세인의 조명을 받는 매력적 우상이 되기도 한다.

발달심리학적으로 10대는 미성년자이다. 미성년은 충동적인 면이 강해 쉽게 유혹에 물들지만 책임지기에는 능력의 한계가 있어 가정에서 부모의 보호를 받으며 인격적으로 성숙하는 시기이다. 그러므로 부모는 자녀가 잘못된 길을 가면 바르게 인도하고 가르쳐줄 의무와 책임이 있다. 다시 말해서 10대 자녀가 학생으로서의 신분에 맞지 않는 지나친 행동을 보이면 왜 그런 행동을 하게 되었는지 그 이유를 들어보고 대화를 통해 해결점을 찾아 같이 노력하는 지혜가 필요하다.

'세상이 다 그러는데 어쩔 수 없잖아요' 하면서 체념하고 방관하는 부모, '학생이 어떻게 그럴 수 있니' 하면서 무조건 비난하는 부모. 어느 쪽도 바람직한 부모의 역할이 아니며 현명하지 못한 대응이다. 이와 관련하여 부처님께서 말씀한 내용이 있다.

《앙굿따라니까야》를 보면, 부처님은 어리석은 자의 세 가지 특징을 들고 있다.

"수행승들이여, 세 가지 특징을 갖추면 어리석은 자임을 알 수 있다. 그것은 잘못을 잘못이라고 보지 못하는 것, 잘못을 잘못이라고 보고 나서 여법하게 참회하지 않는 것, 다른 사람이 잘못을 지적해도 여법하게 수용하지 않는 것이다."

우리는 이 말씀에서 부모가 해야 할 역할이 무엇인지를 유추해 볼 수 있다. 자녀의 잘못된 행동을 잘못이라고 알지 못하거나, 자녀의 잘못된 행동을 알면서도 방치하거나 또한 부모 스스로 잘못한 것을 알고도 고치려고 하지 않는다면 어리석은 부모이다.

사춘기에 접어든 10대의 피부는 건강하고 맑다. 그 맑고 여린 피부에 방부제가 포함된 강한 화장품을 바르는 것은 이로움보다 해로움이 더 많다. 여러 연구 결과에서 밝혔듯이 화장품에는 피부나 눈을 자극하는 발암성 물질이 있다고 하지 않는가?

미국 환경운동 단체에 따르면, 10대들이 자주 사용하는 화장품인 마스카라, 아이섀도 등에는 암이나 호르몬 분비에 영향을 줄 수 있는 화학 물질이 16가지나 검출되었다고 한다.

어릴 때부터 화장을 한 10대들의 소변검사 결과, 화학 물질이 검출되었으며 여성암을 13배 증가시킨다는 보고를 보면, 이제 10대 청소년들의 화장은 여성의 건강 차원에서 관심을 가지고 예방대책 등을 강구해야 되지 않을까 염려된다.

부모는 이런 정보를 중심으로 지나친 화장이 왜 피부에 좋지 않으며 학생으로서 지켜야 할 기본적인 태도는 무엇인지 등을 자녀와 터놓고 대화하는 시간을 가져야 한다. 물론 그 결정은 자녀의 몫이다.

동사섭과 가족 공동체

오빠와 다투고 난 현이가 엉뚱하게도 엄마에게 화풀이를 한다.

"엄마! 오빠가 잘못하면 야단 좀 치세요. 엄마가 오냐오냐하고 받아주니까 자기만 똑똑한 줄 알고 사람 무시한다니까요."

중3 딸의 말을 듣는 순간 엄마는 웃음이 나왔다. 왜냐면 얼마 전에는 아들 석이가 한 말이 생각나서다.

"엄마 제발 현이 좀 혼내세요. 여자라고 응석을 받아주니까 정말 잘난 줄 건방 떤다니까요."

아이들은 지금 엄마의 잘못된 교육으로 오빠가 또는 동생이 문제 행동을 한다고 탓을 한다. 하지만 그 말의 이면에는 내가 억울하니 엄마가 대신 풀어달라는 하소연이 담겨있다. 부모에게는 이렇듯 필요에 따라 다양한 역할을 자유자재로 소화해내는 능력이 요구된다.

그러나 부모라고 해서 늘 완벽한 인간은 아니기 때문에 막상 이런 문제에 부딪히게 되면 난감하고 답답함을 느낀다. 조금이라도 한 아이의 입장을 옹호하는 것 같으면 다른 아이는 불같이 화를 내거나 토라져 버리기 때문에 부모로서는 오히려 침묵하는 것만 못해 후회막급일 때가 있다. 그래서 부모들은 이 세상에서 가장 다루기 힘든 사람이 자녀라고 말한다.

부모와 자녀는 서로 완성형이 아닌 미숙한 상태의 과정형에

있다. 서로 성숙을 향해 나아가는 과정에서 많은 실수와 시행착
오를 거듭하며 상호작용한다. 하지만 그런 가운데 차츰 상대를
이해하고 인내심을 가지고 상대에게 적응해가는 수밖에 없다.

부처님도 수많은 제자들과 매일 부딪치며 각자의 개성만큼이
나 다양한 문제들을 접하였을 것이다. 하지만 부처님의 바른 본
보기와 가르침이 있었고 필요에 따라서는 계율을 정해 승가집단
의 화합을 도모할 수 있었다.

그 중에서도 사섭법四攝法은 사회공동체의 화합을 위해 필요한
실천적인 방법을 잘 묘사하고 있어 오늘의 부모 세대가 가정을
바로 세우고 부모 역할을 원만히 수행하기 위해 배울만한 덕목으
로 손색이 없다.

사섭법에서 섭攝은 남을 넓게 받아들여 아끼고 보호하는 것을
의미한다. 보시布施, 애어愛語, 이행利行, 동사同事의 네 가지 덕목을
말하는데 부모가 실천할 수 있는 구체적인 예를 들어 살펴보고자
한다.

첫째, 보시는 몸과 말과 뜻으로 남을 이롭게 하고 돕는 것이
다. 부모는 불평하는 자녀를 따스한 눈빛으로 바라보며 정말 돕
고 싶다는 마음을 내야 한다. "네 말을 듣고보니 일리가 있구나.
엄마가 어떻게 하는 것이 가장 좋을지 신중히 생각해볼게."

둘째, 애어는 상대의 마음을 감싸고 위로하는 말이다. 아이의
어깨를 부드럽게 쓸어주며 "엄마가 오빠(동생)만 사랑하는 것 같

아 서운했구나"하고 말해주는 것이다.

셋째, 이행은 진심 어린 마음으로 타인에게 이익을 주고 도움이 되는 행동을 하는 것이다. "그래, 네 말이 맞아. 네 말을 들으니 충분히 이해가 간다. 진정으로 똑똑한 사람은 남을 무시하지 않지, 그 문제는 오빠와 잘 말해볼게."

넷째, 동사는 다른 사람의 입장에서 생각하고 자기와 타인이 서로 협력하고 화합하는 데 힘을 아끼지 않는 것이다. "엄마가 어떻게 해주기를 바라는지 네 의견을 말해보렴."

이상과 같이 사섭법에서 배워보는 지혜는 내가 우선이 아닌 상대에 대한 깊은 관심과 이해 그리고 존중임을 알 수 있다. 부모의 관심과 이해심이 가득한 말과 표정에서 아이는 부모가 자신을 믿고 존중한다는 것을 알게 된다.

"아! 나는 사랑받고 있구나, 세상은 정말 살만해."

아이는 마음에서 우러나오는 희망과 자신감을 느낄 것이다. 단 부모의 마음이 먼저 편안하고 건강해서 세상 살 맛이 날 때 자녀도 세상을 희망적으로 본다는 사실을 잊지 말아야 한다.

성공과 실수 너머 칭찬과 격려

"엄마, 이 그림 내가 그렸어요."

슬기가 엄마에게 그림 한 장을 자랑스럽게 내민다. 엄마는 이게 무슨 그림인지 알아볼 수 없었지만 "정말 멋진 그림이네! 아주 열심히 그렸구나" 하면서 칭찬하였다. 엄마의 칭찬 한마디는 네 살 배기 아이를 충분히 만족시킬 수 있었다.

칭찬은 고래도 춤추게 한다는 말이 있듯이 칭찬을 싫어할 사람은 아무도 없다. 더구나 어린 아이가 듣는 칭찬은 '나는 괜찮은 사람이야'라는 생각을 갖게 하며 안정된 정서발달에 매우 중요한 영향을 미친다. 이런 점에서 칭찬의 효과는 매우 긍정적이다.

우리가 흔히 사용하는 칭찬은 잘 한 일, 성공한 일에 대한 일종의 보상이며 또한 경쟁에서 이겼을 때, 남과의 비교를 근거로 주어지는 경우가 많다.

"이번 시험에 우수한 성적을 받았다니 네가 자랑스럽다." 이런 칭찬을 받다보면 아이는 기대에 맞게 성공하거나 남을 기쁘게 해야 한다는 부담감을 가질 수 있다. '만일 성적이 떨어지면 어쩌지? 부모를 기쁘게 하지 못하거나 성공하지 못하면 그럼 난 나쁜가?' 칭찬은 기쁨과 함께 이런 걱정도 갖게 한다. 그 결과 칭찬받기 위한 불필요한 행동을 하거나 부모의 눈치를 살피는 등 부작용을 초래할 수 있다. 그런 점에서 칭찬을 사용할 때는 과잉 칭찬이나 경쟁을 부추기는 칭찬, 아이의 과도한 노력을 요구하여 부담감을 주는 칭찬은 가능한 피하고 적절히 사용할 수 있다면 칭찬은 아이의 정신적 성장을 위해 긍정적으로 작용한다.

이에 비해 격려는 성공한 대가로 주어지는 것이 아니라 아무런 조건 없이 주는 선물과 같은 것이다. 칭찬과 격려는 상대에 대한 긍정적인 평가이지만 엄밀한 의미에서 칭찬과 격려는 다른 면이 있다.

시키지 않아도 손을 씻고 식탁에 앉은 아이에게 "네가 저녁 식사하기 전에 잊지 않고 손을 씻었구나" 웃으며 말해주면 아이는 기대하지 않았던 일에 부모의 관심을 받게 되어 더 기쁘다. 아이의 장점, 공헌한 점, 특별한 점, 또는 잘 못해서 힘들어하거나 실패한 때에도 격려를 할 수 있다.

칭찬이 성공에 초점을 둔다면 격려는 성공은 물론 실수도 감싸 안는다. 그래서 실수를 해도 기죽지 않고 다시 시도해볼 수 있는 용기를 가지며 '난 할 수 있어, 난 유능해, 난 사랑받고 있어'라고 믿는다. 이것이 격려의 효능이다.

격려하는 부모는 자녀가 완벽하기를 원하는 것이 아니라 자녀 스스로 해보려는 의지와 노력에 관심을 주고 인정하면서 자녀를 '지금 그대로' 받아들인다. 그래서 격려하는 부모는 자녀를 다른 아이와 비교하지 않으며 아이 스스로 깨닫고 바르게 행동하도록 돕는다.

단지 격려의 말을 하고는 덧붙이는 말은 하지 말자. "네가 식탁 차리는 일을 도와주니 일이 빨리 끝났구나" 이 말은 격려다. 아이는 이 말을 듣고 용기가 나지만 다음과 같은 말을 덧붙이면 어떻게 될까? "네가 식탁 차리는 일을 도와주니 일이 빨리 끝났구나, 진즉 그렇게 했다면 얼마나 좋았겠니?" 이와 같은 말은 격려를 주었다 다시 뺏는 말이니 오히려 기분만 망친다.

부처님은 제자들의 질문을 받으면 그 첫마디가 "착하고 착하도다, ○○야"라며 질문하는 제자를 어색하지 않도록 따뜻이 격려했다.

《앙굿따라니까야》에는 제자에 대한 부처님의 마음이 얼마나 자애로운지 보이는 장면이 있다.

"수행승들이여, 나의 제자 수행승 가운데 사리뿟따는 위대한 지혜를 지닌 님 가운데 제일이다. 수행승들이여, 나의 제자 수행승 가운데 마하 목갈라나는 신통을 지니는 님 가운데 제일이다. 수행승들이여, 나의 제자 수행승 가운데 마하가섭은 두타를 설하는 님 가운데 제일이다. 수행승들이여, 나의 제자 수행승 가운데 아누룻다는 하늘눈을 지니는 님 가운데 제일이다. …"

많은 제자 이름을 한사람씩 불러주며 그들의 특성과 장점을 파악하여 칭찬과 격려를 하시는 장면은 그대로가 자상하고 자애 넘치는 부모 모습이다. 아마 그 누구라도 이런 칭찬을 받는다면 그 행동을 계속하고 싶어질 것이다. 우리 아이들 모두는 각자가 가진 장점과 능력이 있다. 부모는 이런 가능성을 찾아내어 칭찬과 격려로 그 싹을 잘 키워가도록 부처님에게 배워 실천했으면 한다.

10

부처님의 사랑법

부처님은 자비의 상징이다. 인간의 마음 고통을 어루만지고 치유하는 데 자비 이상의 탁월함은 없다. 더구나 부모 역할에서 자비심은 가장 기본이 되는 덕목이며, 부모됨의 인격을 가늠하는 기준으로 작용한다. 따라서 우리는 누구나 가장 이상적인 부모상의 모델을 부처님의 인격에서 찾는다. 다시 말해서 부처님처럼 자비롭고 지혜로운 성품을 지닌 인격을 연마하여 좋은 부모, 훌륭한 부모가 되기를 원한다.

부처님이 한 부모로서 아들 라훌라에게 행한 지도 방법을 보면 일방적으로 이론이나 지식을 넣어주는 교육이 아니었다. 자율성을 중시하고 자주적인 노력을 지지하면서 자녀 스스로 진리의 길을 찾아가는 깨우침의 교육으로 접근하고 있음을 경전에서 볼 수 있다.

10장은 자비를 바탕으로 하는 부처님의 사랑법을 소개한다. 자비심이 문제 상황이나 자녀의 특성에 따라 어떤 형태로 구현되며, 어떻게 주변을 아름답게 변화시키는지에 관해 살펴본다.

사랑과 자비의 사이에서

"아빠가 널 얼마나 사랑하는 줄 알아?"

"사랑해 딸!" "사랑해 아들!"

부모가 자녀에게 표현하는 사랑의 말이다.

사랑이라는 단어는 듣기만 해도 달콤하며 마음을 부드럽게 해준다. 그래서 현대인들은 언제 어디서나 '사랑해!'를 애용하는지도 모른다. 불교에서는 사랑이라는 말보다는 자비慈悲라는 말을 자주 한다. 부처님께서 중생의 고통을 위로하고 덜어주신 것은 사랑을 넘어선 연민이며 자비심이었다. 그래서 불교는 자비라는 말을 선호한다.

사전에서 사랑은 '어떤 사람이나 존재를 몹시 아끼고 귀중히 여기는 마음'으로, 자비는 '즐거움을 주고 괴로움을 없게 함'으로 정의하고 있다. 정의한 바 사랑이 '내적 감정'이라면 자비는 '베풂'에 초점을 둔다. 사랑은 감정이라서 상황에 따라 늘 변하며 일어남과 사라짐을 반복한다. 좋은 상황에서는 사랑, 기쁨과 같은 긍정적인 감정이, 부정적 상황에서는 미움, 증오 등의 부정적 감정이 일어난다.

그런 반면 자비는 상대를 즐겁게 그리고 고통은 감소시키려는 베풂을 동반한다. 따라서 내 욕망만을 추구하는 이기적인 사람에겐 자비 실천은 어렵다. 예를 들어 교사에게 매를 맞아 종아리에

멍이 시퍼렇게 든 아들을 본 아빠가 분노감으로 즉시 학교로 달려가 해당 교사를 폭행했다면 동기야 어쨌든 이를 자비라고 말할순 없다. 왜곡된 부모 사랑의 단면이다.

자비로운 아빠라면 학교로 달려가 분풀이를 하는 대신 상처입은 아이마음을 먼저 위로하고 헤아려 편안하게 감싸줄 것이다. 이처럼 자비는 단순한 감정에 휩싸여 교사를 욕보이기 보다는 아이의 고통을 먼저 덜어주려는 연민이 앞선다. 그것이 바로 다툼이나 적이 없이 베푸는 부모의 진정한 자비가 아닐까 한다. 그래서 부처님은 아들 라훌라에게 진정한 자비의 덕목을 이렇게 가르치신다.

《맛지마니까야》〈라훌라를 가르친 경〉의 말씀이다.

"라훌라야, 자애의 수행을 닦아라. 라훌라야, 네가 자애의 수행을 닦으면 어떤 악의든 다 제거될 것이다. 라훌라야, 연민의 수행을 닦아라. 라훌라야, 네가 연민의 수행을 닦으면 어떤 잔인함이든 다 제거될 것이다."

이렇듯 부처님은 자애와 연민이 인간의 마음을 얼마나 청정하고 숭고하게 고양시키는지 가르침을 주신 것이다. 사랑과 자비는 일종의 관념이지만 세상을 바르고 힘차게 살아가는 정신적 자양분을 발생시킨다. 아울러 지금보다 더 나은 삶, 선한 삶을 향해 나아가도록 마음을 성숙케 한다. 하지만 순수한 사랑에 욕망이 개입되면 순수함은 사라지고 불행을 야기하게 된다. 왜일까? 순수함을 잃으면 그곳엔 각종 악행이 싹트기 때문이다.

중고생 자녀를 둔 부모는 밤 11시가 되어야 힘든 하루 일과를 마치고 귀가하는 아이 모습에 안쓰러움보다는 만족감이 더 크다. 왜? 아이의 장래를 더 사랑하기 때문이다.

"내가 잔소리하는 것도 다 너를 사랑해서 잘되라고 하는 거야." "내가 왜 밤늦도록 일하며 고생하겠니? 그건 다 사랑하는 자식을 위해서지, 너는 그저 아무 걱정 말고 공부만 하면 돼."

이와 같은 부모 사랑 방식에 자녀는 고통 받는다. 사랑이 욕망으로 얼룩지면 대가나 보상을 원한다. 자녀가 출세해야 한다는 은연중의 메시지는 곧 대가를 의미하기에 설령 그것이 헌신적이라 하더라도 자녀에게 감동을 주지 못하며 오히려 부모에게 등을 돌리는 계기가 될 수 있다.

《아함경》에는 인간이 살아가면서 겪는 고통을 여덟 가지로 나누어 설명하고 있는데 그 중 하나가 "사랑하는 사람과 헤어지는 고통 애별리고愛別離苦"이다. 영원하지 않는 사랑을 붙잡아 두려고 집착하니 고통이 따른다는 말이다.

불교는 일시적 감정에 따라 일어나고 사라지는 사랑보다는 상대의 고통을 가엾게 여겨 덜어주려고 노력하는 자비에 가치를 둔다. 자비는 내가 좋아서 즐겁게 해주려는 욕구도 있지만 상대방의 처지를 깊이 헤아리고 괴로움을 없애준다는 점에서 나를 내려놓는 하심을 필요로 한다. 만일 자비에 욕망이 개입되면 그건 더 이상 자비가 아니다. 자비는 개인적 욕망을 배제한 이타적인 행위다. 자녀를 가장 편안하게 해주려는 부모는 욕망을 내려놓아야 비로소 자녀 입장에서 온전한 마음으로 도와줄 수 있다. 그것이 자비다.

부처님의 라훌라 교육

한 초등학생이 길거리에서 자동차와 살짝 부딪쳤는데 말도 없이 그냥 달아나버렸다. 왜 그랬을까? 웬만하면 부모에게 알리지 않기 위해서라고 한다.

"다쳤다고 하면 엄마에게 혼나요."

아이의 엄마는 어디에 관심을 두기에 아이가 몸을 다쳐도 말을 못한단 말인가? 언제부터인가 우리의 가정에 아빠는 빠지고 엄마가 거의 모든 양육과 교육 책임을 맡고 있다. 하지만 가정이란 함께 거주하는 공동의 장이고 그래서 교육도 엄마 아빠 역할이 각각 따로 있을진데 아빠가 제외된 엄마의 생각과 판단에만 의존하고 있다. 그런 점에서 부처님이 아들 라훌라에게 실천하신 방법을 통해 아빠식 자녀교육을 정리해보고자 한다.

불교TV에서 방영한 인도 영화 〈드라마 붓다〉를 재미있게 시청했다. 부처님의 일생을 그려낸 대작이므로 불자로서 호기심도 컸으며 인도의 전통생활 방식이나 화려한 의상도 흥미를 끌었다. 그 중에서도 특히 부처님이 아들 라훌라를 어떻게 대하며, 어떻게 교육했는지 관심이 컸다.

드라마는 라훌라의 출가 전 유아기 시절에서부터 어린 사미가 되어 부처님께 교육받는 장면들까지 구체적으로 묘사했다. 물론 드라마 내용은 작가나 연출자의 상상이라는 픽션 요소가 상당 부분 개입되어 재미를 더해주었고 그 시절의 부처님과 라훌라의 소통 방식이나 관계성에 대해 뭔가 막연하게 상상하던 부분을 어느 정도 이미지화할 수 있는 영감을 받을 수 있었다.

싯다르타 태자는 카필라국을 떠난 지 약 7년 만에 '성자 붓다'가 되어 고향을 찾는다. 《숫타니파타》에는 라훌라와 부처님이 만나는 장면이 나온다. 라훌라는 처음 만난 아버지를 따라다니며 "제게 유산을 주십시오"라고 청한다. 이에 부처님은 사리불에게 "라훌라를 출가시켜라" 한다. 라훌라의 출가로 최초의 사미교육이 시작된다.

이 장면을 〈드라마 붓다〉는 7년 만에 상봉한 부자지간의 가슴 찡한 감동의 만남으로 연출해냈다. 라훌라는 부처님의 시선을 받고 용기를 내어 곁에 다가가 "제가 아버지라고 불러도 되나요?"라고 묻는다.

부처님은 무릎을 구부려 라훌라의 눈높이에 맞춘 후 연민이 가득한 눈으로 바라보며 "그럼, 아들"이라고 다정하게 말한다. 이 말을 듣고 안심이 된 라훌라가 자신의 깊은 속내를 털어놓는다.

"저를 잊으셨나요?"

"내 아들 라훌라를 어찌 잊겠어!"

라훌라가 원하는 대답이 무엇인지 지혜로 감지하신 부처님의 자애로운 대답이다. 라훌라의 마음에 엉긴 상처를 다 녹이고 해체시킬만한 장면이었다. 이때의 부처님 모습은 거룩하신 성자라기보다는 자비와 따뜻함이 충만한 아버지의 이미지였다.

이를 단순히 픽션이라 간과하기보다는 부처님의 인품으로 충분히 그랬으리라 짐작되는 부자지간의 만남이지 않는가?

《맛지마니까야》〈라훌라를 가르친 경〉에는 이런 장면이 있다. 부처님께서 18세가 된 라훌라에게 오온과 마음챙김 명상을 교육한다. 오온을 통해 물질은 나(我)가 아니므로 집착할 것이 못 된다는 것을, 호흡명상에서는 무상, 자비, 연민, 평정심 등을 체득하여 궁극적 진리를 깨닫도록 인도하는 가르침이다.

어떤 가정은 실수나 사고로 부상을 입은 어린 자녀가 부모에게 알려 위로받기는커녕 '엄마에게 혼날까봐' 아픔을 숨긴다는 기현상이 벌어진다니 욕망으로 빗나간 자식교육이 도를 넘고 있다. 인간이 욕망으로 평정심을 잃으면 사실을 있는 그대로 보지 못해 이와 같은 어리석음을 범하게 된다.

부처님이 라훌라에게 하신 교육은 그런 것이 아니었다. 나 자신만의 욕망을 향한 이기적인 교육이 아니라 중생의 고통을 덜어주고 이익을 위해 추구하는 진리의 길, 깨우침의 길을 안내하는 것이었다. 아버지로서의 무량한 자애와 이해를 바탕으로 라훌라의 교육을 이끌어간 '붓다의 자녀교육 방법'은 티없이 밝고 맑아 거룩함마저 느껴진다.

이 시대가 원하는 부모의 역할은 부처님처럼 내 아이에게 진정한 행복이란 무엇일까를 생각하고 자녀를 위해 바른 삶의 길을 안내하고 지도하는 모습이 아닐까 한다. 자녀의 실수를 야단치기 전에 격려로 위로해주는 부모, 자녀의 고민을 귀 기울여 듣고 같이 해결점을 찾아가는 부모는 그 마음 밭을 늘 자비심으로 가꾸고 채우는 노력이 있기에 가능하다고 본다.

진정 어린 이해

소정이가 며칠째 묻는 말에만 겨우 대답하고 어두운 표정으로 지 낸다는 걸 뒤늦게 눈치 챈 엄마가 물었다.

"너 요즈음 무슨 일이 있지? 왜 그렇게 저기압인데?"

"내가 말하면 이해는 해요? 엄만 내겐 관심도 없잖아."

짜증이 담긴 소정이의 반응이다. 엄마가 자신의 깊은 속까지 이해하진 못할 거라 지레 짐작한 나머지 문제를 더 키우고 싶지 않아서다. 그러나 엄마는 도리어 답답할 지경이다. 아이를 위해서 라면 뭔들 못해줄까. 다른 애들이 가진 것, 좋다는 것은 다 사주었 는데 아이는 이유도 없이 이해만 못한다니 그간 딸의 무엇을 또 이해하지 못했단 말인가?

그렇다. 거의 모든 부모는 자신만큼 내 자녀를 잘 알고 또 잘 해주는 사람도 없을 것이라 믿는다. 이런 부모들을 보면 대체로 풍족한 물질 제공을 최고의 부모 역할이라 믿으며 내심 자부심을 갖고 있다. 과연 그럴까?

잘 안다고 믿던 아이가 우울해하거나 짜증을 내면 "내가 낳았 지만 저 애를 정말 이해할 수가 없어!"라고 한숨 짓는 부모가 아 이를 잘 이해한다고 볼 수 있을까? 내 아이를 진심으로 이해하기 위해 '깊이 생각(甚深思)' 해본 적은 있는가? 자녀의 장단점과 성격 취미 능력을 정확히 알고 이해하는 부모는 아마도 그리 많지 않으며 단지 피상적으로 안다고 착각할 뿐이다.

사춘기의 아이들이 외로운 건 용돈이 아닌 마음이다. 진정으로 자신을 이해하고 마음을 터놓고 위로받을 만한 사람이 없다고 믿기 때문이다. 어떤 아이는 달래고 보살펴주어야 할 만큼 겁이 많고 숫기가 없는 반면 강한 지구력을 지녔으며, 어떤 아이는 겉보기엔 강하고 변죽도 좋아서 사람들과 잘 어울리고 웬만한 일엔 상처받지 않는 것 같으나 의외로 나약함을 고민한다.

이렇듯 인간이란 섣불리 판단할 수 없는 복잡한 존재다. 부모가 이런 아이를 그 특성에 맞게 양육하며, 구김 없는 밝은 성품을 지니도록 돕기 위해서는 진정으로 자녀를 이해하려는 노력이 필요하다.

어떤 노력을 해야 할까? 우선 부모는 자녀가 보내는 작은 신호 하나라도 주목해야 한다. 그 신호가 무엇을 의미하는지 정확히 해석하고 즉각 적절하게 반응해줄 수 있어야 한다. 그러려면 민감하게 상황을 볼 줄 알고 사려 깊게 아이를 배려할 줄 알아야 한다.

둔감한 부모는 자녀가 다양한 방법으로 여러 신호를 보내지만 이를 눈치 채지 못하고 엉뚱한 반응이나 자극을 통해 아이를 더욱 힘들게 하거나 짜증나게 만든다. 중요한 것은 부모와의 이런 경험들이 차곡차곡 쌓여서 서로에 대한 믿음과 이해의 폭을 결정하는 잣대가 된다.

다음으로 부모는 자녀에 대한 관심을 늦추지 않도록 노력해야 한다. 관심이 없는 부모는 자녀에게 어떤 일이 일어났는지 제대로 상황파악도 못하면서 결과만 가지고 야단친다. 소정이가 엄마는 결코 자기를 이해하지 못할 거라고 생각한 것도 알고 보면 평상시의 못 미더운 느낌들이 무의식에 내재하여 '엄마는 날 이해하지 못해, 별 관심도 없으니 이해할 마음이 생기겠어?'라는 부정적 이미지를 형성했기 때문이다.

아이들이란 나날이 성장하고 변화해간다. 이런 아이들을 잘 이해하려면 부모도 역시 배우고 노력하는 자세여야 한다.

《법구경》에서는 말한다.

"처음에는 먼저 자기 할 일 살피어 옳고 그름을 알아 거기 머물고, 그다음에 마땅히 남을 가르쳐라. 거기는 다시 괴로울 일 없나니."

좋은 부모가 되려면 무엇보다도 먼저 부모가 자질이나 역할을 제대로 인식하고 있는지 점검하라는 말씀이다. 부모로서의 본분을 제대로 인식하지 못하고, 기본 자질을 갖추지 못하면 좋은 부모역할을 수행하기는 어렵다. 그러므로 자녀를 지도하는 자신의 역할이 옳은 방향으로 향하고 있는지를 늘 살피라고 한다. 자녀가 건전한 인간으로 성장하기 위해서는 각 단계마다 부모의 적절한 도움과 이해가 필요하다. 그러려면 그에 맞는 말과 행동 그리고 판단이 예리하고 정확해야 하며 그런 부모됨의 능력과 자질을 갖출 때 부모 역할도 잘 수행할 수 있다는 부처님의 당부가 아니겠는가?

하지만 우리네 부모 역할은 어설프고 실수도 많다. 어느 정도 시간이 흐른 후에야 '그땐 내가 어리석어 아이의 마음을 다치게 했구나'라는 후회가 밀려오며 아이에 대한 가여움과 연민으로 괴로워한다. 그러나 부모의 뒤늦은 참회나 연민이라도 자녀에게는 큰 위안이 된다.

"엄마가 너를 이해하지 못하는 것 같아 섭섭했구나, 네 말을 듣고 보니 그럴 수도 있겠다 싶네, 엄마도 완벽하진 못하거든, 하지만 내 딸이 힘들 때 돕고 싶은 건 사실이란다."

진정어린 엄마의 말에서 자녀는 자신에 대한 관심을 보며 위로를 받는다. 자녀는 항상 부모의 관심과 이해를 원하기에 부모의 진정어린 이해는 건강한 성장을 위해 꼭 필요하다.

비교는 올바로 알지 못한 부작용

아침 등교 할 시간인데 은성이는 준비해둔 숙제물이 없어졌다며 방 안을 온통 뒤지고 있다. 이를 보다 못한 엄마가 "그렇게 덜렁댈 때부터 알아봤다. 넌 왜 물건 하나도 제대로 못 챙기니? 형의 반만 따라 해도 좋으련만, 좀 보고 배워라" 야단을 쳤다.

한 살 터울 형제인데도 6학년인 은철이는 자기 일을 스스로 잘 알아서 처리했다. 공부도 상위권이다. 엄마는 그런 은철이를 볼 때마다 흐뭇했다. 반면 5학년 은성이는 매사에 엉성했다. 숙제도 미루다미루다 억지로 했고 옷도 대충 입어서 엄마 손이 안 가는 데가 없었다. 은성이는 공부보다도 친구들과 노는 게 더 좋은 아이라 엄마는 하나부터 열까지 형과 동생이 비교되어 보였고, 제대로 하지 못하는 은성이를 볼 때마다 불편한 마음이 들었다.

사실 은성이도 형처럼 부모의 관심을 받고 싶었다. 하지만 형처럼 하기가 쉽지 않았다. 오히려 형이 부모의 관심을 독차지 하는 것을 알게 되면서부터는 더더욱 실수를 많이 하게 되고 스스로도 감당이 안 되었다.

왜 우리는 잘하려고 하면 더 안 될까? 그 원인은 '긴장'이다. 어떤 일을 잘하려고 하면 할수록 우리 몸은 바짝 긴장하기 때문에 자기가 가진 능력을 발휘하지 못하고 실수를 한다. 옛말에 '열 손가락 깨물어 안 아픈 손가락이 없다' 하여 부모의 평등한 사랑을 언급하지만 부모도 인간인지라 그때그때 일어나는 감정을 속일 수는 없다. 막상 아이의 어리숙한 행동을 보면 부모의 욕심이 이성을 마비시켜 분노가 일어나고 그만 비교하는 말을 내뱉어 아이 마음을 다치게 한다.

물론 부모에게는 좀 부족한 자식일수록 더 마음이 아프고 아려오지만 이는 평정함을 회복했을 때이고 순간적인 욕망에 사로잡히면 이성을 잃고 폭발한다. 아이의 인성이나 행동에 뭔가 잘못되어간다고 인식하는 것은 시간이 흐른 후 그 부작용의 심각성이 드러난 때이다. 부모의 무지가 불러온 과보인 것이니 부처님께서도 어리석은 중생을 불쌍하게 바라보았던 것이다.

의학박사 스펜서 존슨의 저서 《행복》에는 '나, 상대방, 우리를 소중히 여기는 것'이 행복해지는 비결이라고 하면서 다음과 같이 부언하고 있다.

"나의 정원에는 세 가지 영역이 있다. 나는 마음의 눈으로 그 영역들을 바라보면서 내가 조화로운 삶을 살고 있는지를 점검한다. 그 세 가지 영역은 나, 상대방, 그리고 우리를 말한다. 여기서 나와 상대방은 밖으로 보이는 모습이 아니라 그 안에 존재하는 진정한 본질을 의미한다. 상대방도 나와 같은 기본적인 욕구를 가지고 있기 때문에 상대방을 소중히 생각하면 상대방이 진정으로 원하는 것도 알게 된다."

부모가 자녀를 소중히 여긴다면 겉으로 드러난 아이의 행동에 속상해하기보다는 자녀의 본질 즉 내면에 담겨진 가능성을 보고 존중하며 감탄하는 것이 더 좋다.

《앙굿따라니까야》에서 부처님은 말씀하셨다.

"수행승들이여, 나는 올바로 알아차리는 것처럼 올바른 가르침을 유지시키고 혼란과 파멸로 이끌지 않는 어떤 하나의 원리도 보지 못했다. 수행승들이여, 올바로 알아차리면 올바른 가르침을 유지시키고 혼란과 파멸로 이끌지 않는다."

이 말씀처럼 부모가 자녀의 본질을 올바로 알아차리는 것이야말로 올바른 가르침의 길이며 혼란을 막는 가장 기본이 아니겠는가? 그러나 요즘 부모들은 아이의 드러난 현상들 즉 성적이나 상장 등에 집중하느라 아이의 진짜 모습은 간과하여 불행을 자초할 때가 종종 있다.

'아이는 자라면서 열두 번도 더 변한다'는 말이 있다. 어렸을 때는 좀 어수룩하고 부족한 듯 보이던 아이도 의젓하고 멋진 청년으로 성장한 모습을 보면 그 변화에 놀라움을 금치 못할 때가 많다. 이와 마찬가지로 지금 자녀 행동이 마음에 들지 않는다고 해서 그 아이의 미래가 형편없어지는 것은 아닌데 부모는 이를 참지 못해 무시하고 야단치며 미래까지 부정적으로 예측하는 말을 던져 기를 꺾는다. 이런 부모의 잘못된 판단이 자녀에게는 좌절이요 충격이다. 부모에게 이런 말을 듣는 아이가 어떻게 더 이상 발전할 수 있겠는가? 아직 날지도 않은 어린 새의 두 날개를 미리 꺾어버린 것과 같은 이치다.

부모는 내 아이가 어떤 기질과 성향을 가졌는지 올바르게 알아차릴 때 그에 적합한 상호작용을 할 수 있다. 외관상 보이는 행동이나 학교 성적으로 다른 아이와 비교하고 판단하는 어리석음은 범하지 말아야 한다. 아이를 변화시키기는커녕 오히려 마음에 상처만 크게 줄 뿐이다.

아이들이란 드러난 것 이상의 무한한 가능성을 내면에 간직하고 있다는 점을 명심하여 내 아이를 드러난 외적현상이 아닌 본질을 이해하는 데 더 관심을 쏟는 것이 올바른 가르침의 기본임을 부처님은 말씀하신 것이다.

꽃반지

저녁 6시경 전화벨이 울려 받아보니 전주에 있는 정혜사 주지스님이시다. 새해를 맞아 직접 찾아뵙고 인사를 드려야 하지만 경주에 산다는 핑계로 연하장을 보내드렸었는데 스님께서 잘 받으셨다며 안부를 물으신다. 평소 존경하던 분이어서 스님과 이런저런 이야기를 나누다가 문득 스님이 돌보고 있는 신미 생각이 났다.

"스님! 신미는 많이 컸지요?"

"고등학교 2학년 됐어요. 그래선지 꽤 바쁘네요."

스님을 몇 년간 찾아뵙지 못한 사이에 신미가 고등학생이 되었다니 아이들의 빠른 성장이 새삼 놀랍다.

처음 신미를 본 것은 전주에 간 김에 정혜사 스님께 인사도 드릴 겸 방문했을 때였다. 네 살쯤 되는 조그만 여자 아이가 손가락마다 예쁜 플라스틱 꽃반지 낀 손을 내 앞에 자랑스럽게 내밀며 행복한 미소를 지어보였다. 이를 지켜보시던 스님이 맑은 표정으로 "요즘 이런 반지가 애들한테 유행한다면서요?" 하셨다.

초등학생이 되어서는 피아노를 배운다면서 연습용으로 스님이 제법 두툼한 종이 위에 제작해준 피아노 건반 위에서 손 연습을 하는 아이를 지켜보시며 자상한 엄마처럼 손을 교정해 주시곤 했다. 이렇듯 온갖 정성을 다해 아이를 돌보았는데 이제 고등학교를 졸업하면 아이가 원하는 대로 해주시겠단다.

정혜사는 비구니스님들의 수행도량으로 오래전부터 부모가 없거나 불가피한 사정으로 가정에서 키울 수 없는 여자아이들을 돌보아왔다. 1980년대 무렵까지는 10여 명의 아이들이 학교에 다닐 정도로 많았으며, 초등학교에서 고교 그리고 능력에 따라서는 대학 교육도 감당하였다. 그러면서도 아이들이 학교를 졸업하면 자기 의지에 따라 선택한 삶을 살도록 해주었으니 지금 생각해도 우리나라 아동복지를 선구적으로 실천한 사찰이다. 혈육이 아닌 타인을 자비와 연민으로 베푼 정혜사 스님들의 훈훈한 인간애가 있다면 이 세상의 한편에서는 잔혹한 일도 있다.

2015년 12월에 알려진 인천에 사는 11세 소녀 이야기다. 아빠로부터 감금과 폭행을 당하던 소녀가 16kg의 깡마른 몸으로 집에서 탈출해 세상에 알려진 사건이다. 인간 스스로 자신이 어떤 행동을 하는지도 모르고 살 때, 성윤리나 도덕의식이 결핍되어 다른 인격체를 어떻게 학대하고 괴롭히는지 실감한 사건이었다.

《숫타니파타》에서 부처님은 말씀하셨다.

"살아있는 것을 마음대로 지배하고 배반하고 부당한 행동을 하고 항상 나쁜 짓을 하는 자는 죽어서는 암흑에 빠지며 머리를 거꾸로 처박고 지옥에 떨어진다. 이런 사람들이 비린 것이지 고기를 먹는 것이 비린 것은 아니다."

여기서 비린 것으로 은유하여 표현된 말의 의미는 외적인 물질이 아닌 생명을 함부로 대하고 학대하는 인간성과 그 행동이다. 한 아이의 인권을 마음대로 지배하고 유린하며 공포로 몰아넣는 등 부당한 행동을 서슴지 않는 부모는 비린 사람 즉 사람들이 피할 정도로 역겹다는 뜻이다. 그래서 이들이 갈 곳은 지옥이다. 법의 심판을 받고 가야 할 감옥은 바로 살아 생전의 지옥이 아니겠는가?

아빠 역할을 왜 이런 악행으로 하게 되었는지 실로 안타까울 뿐이다. 정상적인 부모라면 내 자식이라는 말을 듣는 순간 사랑이 샘솟게 되어있다. 그것은 본능이다. 그래야만 어린 생명이 부모의 품 안에서 안전하게 생존할 수 있으며 광의적으로는 인간의 지속적인 후대가 이어진다.

그런 점에서 아무 조건 없는 스님들의 무주상 보살행은 더욱 거룩하고 빛나 보였다. 세상이 혼탁하다지만 사회를 밝히는 이런 밝은 분들로 인해 그나마 사회가 잘 유지되는 것 같다.

중도적 부모 역할

자녀를 키우는 부모는 누구나 한 번쯤은 부모 역할에 한계나 회의를 느낀다. 윤성이 부모도 예외는 아니다. 요즘 들어 중3 아들의 잘못된 행동이 점점 더 심해진다 싶어 야단이라도 치려면 "지겹게 왜 그러세요"라며 윤성이는 벌컥 화부터 낸다.

"뭐가 지겨운데?"라고 엄마가 되묻기라도 하면 이젠 싸움으로 번지니 그 순간 어떻게 해야 할지 몰라 답답하다. 맞벌이를 하느라 할머니 손에 자라면서 너무 어리광을 받아주어 버릇이 없어진 건가? 아님 공부 때문에 스트레스가 많아서인가? 생각이 많지만 그 어떤 변명이나 평계에도 불구하고 문제해법은 부모에게 있으니 현명한 대응만이 요구될 뿐이다.

이런 아이는 대부분 자기 조절 능력이 부족하다. 자기 조절 능력이란 자신의 감정, 생각, 행동을 알아차리고 상황에 맞게 조절할 수 있는 능력이다. 우리는 사회의 한 구성원으로서 남과 조화로운 관계를 유지할 때 가장 편하고 행복하다. 그러려면 내가 꼭 해야 할 일은 하기 싫어도 해야 하고, 해서는 안 되는 일은 하고 싶어도 하지 않을 수 있는 자기 조절력이 있어야 한다.

자기 조절 능력은 갑자기 길러지는 것이 아니라 어려서부터 부모를 모방하며 교육을 통해 키워진다. 윤성이는 할머니와 지내다 퇴근한 부모를 만나면 그동안 학교에서 받은 부당함이나 억울함 등을 털어놓고 위로도 받고 싶었을 게다. 그러나 부모는 피곤한 몸과 마음을 쉬고 싶은 나머지 아이 말을 경청하고 위로해주지 않았다. 대신 보챈다고 야단만 쳤으니 아이는 문제를 건전하게 해결하는 법을 배우지 못한 채 그 불만들을 무의식에 쌓아갔던 것이다.

이런 경우 부처님의 지혜 말씀에 귀 기울여 해결의 실마리를 찾을 수 있다.

《숫타니파타》에서는 "투쟁, 논쟁, 근심, 슬픔, 인색, 오만, 거친 말은 사랑하고 좋아하는 데서 일어난다"라고 하였다. 이 말씀에 따르면 윤성이의 버릇없는 말투나 벌컥 화를 내는 거친 행동은 부모를 사랑하고 좋아하여 보살핌을 원했으나 충족되지 않아 부모에 대한 사랑의 결핍에 기인한 것이라 생각된다. 그러니 해결의 실마리는 그 누구도 아닌 부모에게 있다.

부모 역할이란 마치 밭에 뿌린 씨앗을 잘 돌보는 일과도 같다. 만일 씨앗에 물을 쉴 틈 없이 뿌리면 씨앗은 그만 썩어버릴 것이며, 그렇다고 물을 주지 않으면 말라비틀어져 사라지듯 부모 사랑도 과잉이나 결핍이어서는 안 된다. 그 이치를 부처님은 우리에게 중도로 설명하셨다.

부모 역할에 중도란 무엇인가? 말이 쉽지 행하기는 매우 어렵게 느껴질 수 있으나 부모의 눈높이를 낮추어 자녀 수준에서 생각하면 의외로 방법은 간단하다.

그 누구도 아닌 자녀에게 집중해보라. 그리고 자녀의 말에 귀를 기울여 보자. 관심을 받은 아이는 안심하고 표정과 행동으로 말할 것이다. 부모는 그저 아이의 말을 경청하고 아이가 원하는 사랑의 손길을 내밀면 된다. 이와 같이 부모의 따뜻한 이해와 배려를 기반으로 자녀의 생각들을 고루 담아 자애로운 부모 역할을 수행하는 것 이것이 바로 '중도적 부모 역할'이다.

건강한 자녀라면 이성적으로 생각할 수 있어 부모에게 터무니없는 요구를 하진 않는다. 단지 부모가 자녀의 생각과는 달리 부모식의 일방적인 사랑을 쏟거나 또는 무시하여서 자녀가 원하는 것과 자꾸 어긋났던 것이다.

교류분석가 에릭 번E. Berne은 상호관계 맺기에 필요한 자아 형성을 약 5세까지의 경험에 두었다. 즉 어릴 때 무시나 학대받는 환경에서 자라는 아이는 자아가 억압되고 변형되어 관계 맺기도 어렵고 세상을 원망하고 탓하는 비뚤어진 삶을 살게 된다. 그러나 부모에게 이해와 존중을 받으며 자란다면 타고난 가능성을 충분히 발휘하는 순수자아가 형성되어 자신있고 당당한 '밝은 관계' 속에 살아갈 수 있다고 했다.

이처럼 자기 조절력이나 남과 어울려 사는 법도 부모의 관심과 사랑이 기반임을 안다면 자녀에게 보여주는 부모의 말과 행동은 그 자체가 모두 교육이다.

어리석은 사람을 가까이 하지 않고

슬기로운 사람과 가깝게 지내며

존경할 만한 사람을 공경하는 것

이것이 최고의 행복입니다

분수에 알맞은 곳에 살면서

착한 공덕을 힘써 행하고

스스로 바른 서원을 세우는 것

이것이 최고의 행복입니다

학문과 기술을 배우고 익히며
고귀한 도덕으로 몸과 마음 다스리고
의미 있는 대화를 나누는 것
이것이 최고의 행복입니다

더불어 나누고 정의롭게 살며
친지들과 화합해 서로를 보호하고
비난받을 행동을 하지 않는 것
이것이 최고의 행복입니다